Tobia Donà

Quello che i fotografi non dicono

21 autori raccontano la loro fotografia

Quello che I fotografi non dicono

Copyright © 2025 Tobia Donà

Tutti i diritti riservati.

PREMESSA

La fotografia non è solo un mezzo per catturare immagini: è uno strumento che permette di esplorare il mondo e le emozioni da prospettive uniche. Ogni scatto racchiude una visione, un'interpretazione personale della realtà che va oltre il semplice atto tecnico. In questo libro, ventuno fotografi condividono la propria esperienza, raccontando cosa li motiva e quali sono le sfide che affrontano nel loro lavoro quotidiano. Le interviste non si limitano agli aspetti tecnici: vanno oltre, offrendo uno sguardo autentico sulle ispirazioni, le difficoltà e i percorsi personali di ciascuno.

Nonostante il tema centrale del libro sia la fotografia, il volume non contiene immagini. Questa scelta è stata presa per concentrarsi sulla forza delle parole e delle storie. Tuttavia, in fondo a ogni intervista troverete una scheda con un QR code che rimanda all'account Instagram del fotografo, la sua biografia e il sito web, dove potrete vedere una selezione delle sue opere. Inoltre, per arricchire l'esperienza visiva, ogni scheda include un breve commento alle immagini che incontrerete attraverso link.

Ogni autore qui rappresentato porta un contributo unico, che riflette la varietà di approcci e stili presenti nel panorama della fotografia contemporanea. Le loro parole, affiancate da un'analisi critica dei loro lavori, forniscono al lettore l'opportunità di entrare nel processo creativo che guida ogni fotografo.

Questo libro non è pensato solo per gli addetti ai lavori, ma per chiunque sia interessato a scoprire le riflessioni e le storie che si celano dietro le immagini. Spero che queste pagine offrano una comprensione più profonda della fotografia e di cosa significhi, oggi, raccontare il mondo attraverso un obiettivo.

FRAMMENTI DI ORDINARIA POESIA
Intervista a Andy Massaccesi

Le fotografie di moda di Andy Massaccesi paiono istanti di un giorno qualunque, nei quali la protagonista assoluta è la poesia del quotidiano. Che sia il verde smeraldo di un campo d'erba che risplende in un mattino d'estate o il sorriso appena accennato di una giovane modella, ciò che l'autore senigalliese Andy Massaccesi celebra è l'attenzione per le cose minime poiché, parafrasando Trilussa, è lì che risiede la felicità.

Massaccesi è un fotografo di moda, un professionista in rapida ascesa che ha inventato un modo tutto speciale per raccontare l'anima del nostro tempo. È singolare che in un ambiente così veloce e perennemente di corsa come quello della fotografia di moda, Andy utilizzi esclusivamente il procedimento analogico per la produzione delle sue fotografie, chiaramente più lento e decisamente non immediato come il digitale.

Ma a ben guardare, le sue immagini non potrebbero essere fissate su altro supporto se non quello magico e qualche volta imprevedibile della pellicola. Molti lettori condivideranno con chi scrive il fatto che la maggior parte dei propri ricordi sono impressi su fotografie analogiche. Aprendo il nostro cassetto ci accorgiamo che bastano davvero poche immagini per raccontare un'intera vita: istanti congelati e strappati all'inesorabile divenire dell'esistenza, il cui destino è diventare, alla fine, l'esistenza stessa.

Le fotografie di Massaccesi hanno l'aria di essere fotogrammi presi da un bellissimo film che ci attrae e del quale vorremmo far parte. Sembrano dolci ricordi cristallizzati e stratificati per caso nel cassetto della nostra memoria. Sarà capitato anche a voi di pensare alla vita come a un film; frammenti di vita reale o solo immaginata dei quali ricordiamo i momenti più intensi. Se da una parte la fotografia di Massaccesi provoca inevitabili fughe immaginarie dalla realtà, dall'altra contribuisce alla creazione di nuove immagini e nuovi miti destinati a diventare i ricordi di una nuova generazione. Massaccesi utilizza la pellicola come un regista artefice delle proprie storie, dando corpo alle sue immagini più con la mente che con la fotocamera.

Come ti sei avvicinato alla fotografia?

Ho sempre scattato, sin da quando ero ragazzino, ma la decisione di intraprendere la strada del professionismo si è concretizzata a Roma, durante il primo anno di università. Ancor prima di approdare all'ISIA di Urbino, ho frequentato un anno di architettura nella sede romana di Valle Giulia. Da quell'esperienza, il bagaglio più grosso è stato la scoperta della luce di Roma.

Sei la dimostrazione pratica che, anche in un mercato così competitivo come quello della fotografia di moda, si può ancora emergere e distinguersi. Quali aspetti consiglieresti di curare maggiormente a chi vuole intraprendere la tua carriera?

Il miglior modo per provare a distinguersi ed emergere è avere qualcosa da dire che sia personale e differente da quanto proposto dagli altri. A volte non basta neanche quello, però (sorride, n.d.r.). L'argomento è piuttosto complesso, fatto non solo di fotografia ma anche di relazioni, conoscenza dell'industria e anche di una buona dose di fortuna. Quello che consiglio sempre ai miei assistenti una volta usciti dalle scuole è di non avere troppa fretta e darsi il tempo per capire cosa veramente interessa e soprattutto se interessa davvero! A tutti suggerisco proprio di incominciare come assistenti, per avere il tempo di comprendere che la fotografia è solo una piccola parte di un lavoro ben più complesso e articolato.

Quali sono i tuoi maestri di riferimento?

Tanti, troppi. Sono molto legato alle mie origini marchigiane. Come primo caposaldo metto quindi il Gruppo Misa, con a capo Ferruccio Ferroni, Mario Giacomelli, Nino Migliori - che è stato anche mio professore - ma soprattutto il mio preferito: Piergiorgio Branzi. Poi ti direi la scuola ritrattistica tedesca, come quella paesaggistica svizzera, ma anche tanti contemporanei, modaioli e non.

E le tue fonti d'ispirazione?

Film, libri, sport, viaggi, luoghi, architettura, eventi e comportamenti sociali. In generale credo che più le cose sono dinamiche e diverse, più mi fanno venire in mente delle idee.

I tuoi scatti sono ambientati quasi sempre all'aperto, quali sono i punti forti della tua cifra stilistica?

I miei scatti sono tutti realizzati all'aperto perché quelli al chiuso non li faccio vedere a nessuno (sorride di nuovo, n.d.r.). Come indole sono un fotografo piuttosto istintivo. Faccio tanta ricerca e preparazione per una storia, ma poi sul set non mi piacciono molto le cose decise a tavolino. In fase di scatto trovo più semplicemente gli input e le variabili di composizione che mi consentono maggiore libertà d'azione.

Quali tecniche utilizzi per fotografare e quali strumenti?

Lavoro quasi esclusivamente in pellicola medio formato; possiedo l'attrezzatura più varia e in base a quello che ho in mente decido con quale attrezzatura scattare. Se però mi chiedessero di portarne una sola fotocamera e un'ottica e lasciare a casa il resto, sceglierei sicuramente la Mamiya RZ con il 90mm.

Quale aspetto del workflow fotografico ritieni più importante per conseguire il miglior risultato finale possibile?

Non c'è un aspetto più o meno importante: la scelta della fotocamera, lo sviluppo, la stampa e la postproduzione. Se uno di questi meccanismi si inceppa devi buttare via tutto; o quantomeno non ottieni il risultato previsto e ne esci insoddisfatto.

Qual è stato il punto di svolta, il momento più importante della tua carriera finora?
Onestamente trovo difficile parlare di svolta. Mi sento sempre messo alla prova e credo di non aver ancora dimostrato abbastanza per definirmi un professionista in carriera. Se però guardo indietro sicuramente i primi lavori commissionati e le prime soddisfazioni sono arrivati nel 2013, dopo il Taylor Wessing Photographic Prize. In quell'occasione non vinsi il premio, ma il mio ritratto intitolato Fabio fu usato come immagine istituzionale della mostra e, diciamo così, ebbe un bello spam. Dopo quell'evento arrivarono le prime dimostrazioni d'interesse da parte dei giornali, degli art director e delle gallerie.

Hai studiato all'ISIA di Urbino e all'ECAL di Losanna, in Svizzera. In che misura ha influito il tuo percorso di studio sulla tua affermazione come professionista nel settore della fotografia e quali sono, se ci sono, le differenze tra la scuola in Italia e quella Svizzera?

L'aver frequentato queste due scuole mi rende molto orgoglioso perché, oltre a essere due realtà molto formanti, sono anche state delle scuole molto toste e selettive. Diciamo che uscirne è ancora più complesso rispetto a entrarci. Sono due istituti molto diversi tra loro. L'ISIA di Urbino è prevalentemente una scuola di grafica ma con una fortissima impronta basata sulla cultura del progetto. Ti insegna a progettare e a farlo con senso. In ECAL invece c'è una fortissima attenzione al senso estetico delle cose e quindi impari non solo a creare delle immagini, ma soprattutto a crearle belle e in grado di raggiungere quella soglia d'attenzione necessaria per farsi distinguere. Se dovessi riassumere la mia esperienza direi che in Italia ho compreso il contenuto e in Svizzera ho messo in pratica la forma.

Quello che I fotografi non dicono

ANDYMASSACCESI

Tra le sue originali fotografie visibili su Instagram, spicca quella visionaria della modella Lucan Gillespie all'interno di una Peel P50, l'autovettura più piccola al mondo. Degno di nota è anche il ritratto di Lou Schoof con abiti di Lacoste (ottobre 2019), entrambe scattate per Odda Magazine.

Andy Massaccesi è nato a Senigallia nel 1986, vive a Milano e Londra. È fotografo di moda, ritratti e progetti personali. Ha studiato Graphic Design all'ISIA di Urbino e Art Direction Photography all'ECAL di Losanna. Il suo lavoro esplora la dimensione sociale dei soggetti, animati e non, tramite la fotografia.

www.andymassaccesi.com

SÉ AL FEMMINILE
Intervista a Marta Bevacqua

Raccontare il mondo nel proprio tempo, cercandone continuamente il senso, per sé stessi e per gli altri che verranno, è ciò che spetta principalmente ai fotografi. Marta Bevacqua fa tutto questo con un comune denominatore che vede la figura femminile interprete di idee e rappresentazioni della più vasta ispirazione e origine.

Incontro Marta Bevacqua, giovane fotografa italiana che vive e lavora da diverso tempo a Parigi, in occasione della presentazione del suo libro fotografico Her Out There, un volume tutto al femminile che mette in luce la sua sensibilità e la sua discrezione. Un racconto del nostro tempo che, pagina dopo pagina, celebra la donna con un sapiente sguardo contemplativo che fugge da semplici classificazioni di genere quali la moda o il nudo, e dal banale voyeurismo. Le stesse modelle, seppur in numero considerevole, sembrano tutte accomunate da un mistero che le avvolge per un istante, per poi restituirle alla vita. Ecco ciò che l'autrice mi ha raccontato in proposito.

Cominciamo dal titolo: Her Out There.

Il titolo Her Out There l'ho ideato insieme all'editore. Eravamo d'accordo sul creare una raccolta di fotografie femminili e, pensando al mio stile, siamo giunti a questo titolo, intendendo la donna lì fuori. Per me il fuori significa la natura, alla quale sono molto legata, ma anche il sogno o la realtà che ognuno può crearsi, e infine le storie che provo a raccontare con la fotografia.

Storie di donne...

La definirei più una sorta di grande storia, nella quale l'insieme di tutti questi personaggi crea contemporaneamente la vita e il mondo. Nel libro si alternano ritratti close-up che pian piano si allontanano fino alla figura intera, con un ritmo giocato tra zoom in e zoom out, vicino e lontano.

Questo è il tuo primo libro?

In realtà ne avevo già creato uno utilizzando un sito di self-publishing: era composto di circa quaranta pagine e non l'ho mai pubblicizzato più di tanto. Si è trattato più che altro di un esperimento, per soddisfare la mia curiosità di vedere le foto riunite in una raccolta sfogliabile. L'ho rimosso dal web dopo poco, lasciando nel cassetto il sogno di creare un vero libro. Quindi sì, mi sento di affermare che Her Out There è il mio primo vero libro.

Come sei giunta alla realizzazione di questo sogno?

Avevo adocchiato l'editore, che ha pubblicato i lavori di altri fotografi che seguo e che stimo molto. Poi, un bel giorno, fu lui a contattarmi e a offrirmi questa opportunità. Inutile dire che non ho esitato un secondo a dire di sì. Le mie fotografie sono state utilizzate molte volte come copertine di romanzi, in tutto il mondo, ma vederle finalmente in un libro tutto mio è stata un'emozione che attendevo da molto tempo. È un libro di formato piccolo - 17x23cm - ma, essendo appunto il primo, mi piace il fatto che non sia il classico libro fotografico enorme e pesante. Non nego che, prima o poi, vorrei realizzarne anche di più grandi e con molte più pagine. Ma, come inizio, lo trovo perfetto!

Come hai scelto le immagini da inserire?

L'editore è svedese. Abbiamo quindi lavorato a distanza. Io ho fatto una prima grande selezione di circa 500 immagini, ben sapendo che le pagine erano 112. Le ho scelte di pancia, selezionando tutte le foto che, per un motivo o per un altro, pensavo fossero adatte a un libro o che comunque avevo piacere di includere in questo progetto. Prima di inviarle ho messo un tag su tutte quelle che per me era fondamentale vedere nel libro. Non necessariamente foto che ritengo migliori di altre, ma in molti casi semplicemente quelle che mi rappresentano meglio e che sono importanti per me. Ho inviato anche qualche abbinamento di immagini, in questo caso aiutata anche dalla mia agenzia, la Open Space di Parigi, che funzionavano molto bene insieme.

E poi non sei più intervenuta nella selezione?

L'editore mi ha proposto una prima versione del libro e devo ammettere che non l'abbiamo modificata tantissimo. Era un'ottima base di partenza e questo ha facilitato la produzione della versione definitiva. Ho eliminato e sostituito qualche immagine, ma il 70% dei contenuti è giunto invariato nell'edizione definitiva.

Ci racconti qualcosa sul criterio seguito per l'impaginazione?

Oltre che il citato concetto di zoom in/zoom out, abbiamo seguito anche alcune corrispondenze cromatiche, altre volte di soggetto, oppure di tecnica o di elementi presenti nell'immagine. Una cosa che ritenevo importante era avere molte modelle differenti e non ritrarre troppo spesso gli stessi soggetti. Questo per sottolineare che l'*HER* del titolo si riferisce a una donna ideale, immaginaria. Ho cercato di fare attenzione e inserire il più possibile volti differenti. Alla fine, le ragazze ritratte nel volume sono più di 60.

Hai deciso tu la copertina?

Mi era stato chiesto se avevo preferenze, e la mia preferenza è stata di attendere le loro proposte. L'editore a quel punto mi ha inviato molte cover differenti e scegliere è stato durissimo. Sono stata aiutata da altre persone perché da sola sarebbe stato impossibile. Anche scegliere il carattere tipografico o il colore del titolo è stato abbastanza complicato. La foto di copertina è stata preferita ad altre per l'emozione che scaturisce dallo sguardo della ragazza.

Ti è dispiaciuto dover necessariamente escludere alcune tue fotografie dal libro?

Tantissimo, ma è stato necessario: le foto devono avere un ritmo, le pagine devono funzionare bene insieme e inoltre c'è quel gioco di abbinamenti che piaceva molto a me e all'editore e, per rispettarlo, abbiamo eliminato alcune immagini. Già nella mia prima selezione mi ero sforzata di essere severa con le mie immagini, operando una scelta soprattutto emotiva: ho scartato fotografie sì tecnicamente perfette, ma che non mi emozionavano abbastanza o non funzionavano nell'insieme. Me ne sono fatta una ragione e, soprattutto, spero mi attendano molti altri libri.

Un libro è uno strumento importante per dare corpo al lavoro fotografico?

Sì, è fondamentale. Siamo abituati a visionare le foto sempre sul computer, al telefono o sul web. Già quando capita di vederle su una rivista la percezione dell'immagine cambia. La stampa dà senza dubbio maggior valore all'opera. Avere poi una raccolta personale in forma di libro è un po' come dare finalmente un corpo al lavoro, un corpo materiale che lo valorizza. Io stessa mi ritrovo ad apprezzare maggiormente le opere dei colleghi quando le ritrovo nei libri. Ci si prende più tempo per guardarle proprio perché si tengono tra le mani.

Che cosa ispira l'atmosfera delle tue fotografie?

Sicuramente la natura ha un ruolo fondamentale e nella natura mi lascio ispirare da qualsiasi cosa: da un bellissimo paesaggio, ma anche da piccoli dettagli come la rugiada sull'erba, un insetto, suoni o odori. Gli spunti sono ovunque: nei libri, nella musica e nei film. Mi ispirano tanto anche i lavori di altri artisti, non solo fotografi.

Chi sono quindi gli autori dai quali ti fai ispirare?

Sono tantissimi, ma dovendo fare dei nomi ti dico Paolo Roversi, Tim Walker... E poi i pittori acquarellisti in genere.

Lavori in digitale da sempre?

Quasi tutto il mio lavoro è eseguito in digitale. Non essendo molto paziente apprezzo l'immediatezza di questa tecnologia. Alcune volte mi capita di lavorare in analogico, soprattutto con fotocamere usa e getta. Anni fa, quando abitavo a Roma, mi sono divertita a sperimentare, allestendo una piccola camera oscura nel bagno di casa.

Sei molto abile nella postproduzione digitale. Hai investito molto tempo per appropriarti di queste tecniche?

Sì, ho imparato da sola provando e soprattutto sbagliando. Utilizzando Photoshop non si finisce mai di imparare, si tratta di un programma immenso, con milioni di opzioni.

Abbiamo visto i tuoi recenti scatti realizzati alle Svalbard...

Sì, sono stata alle isole Svalbard tre volte. È una mia grande passione, il mio posto preferito nel mondo. Le ultime due volte in particolare, ho provato a lavorare su progetti fotografici a lungo termine focalizzandomi sul paesaggio, sfruttando l'aspetto surreale e lunare proprio di quelle isole. Sono progetti concettuali, a lungo termine. Quindi, non vedo l'ora di tornarci e continuare!

MARTABEVACQUA

Visita il profilo Instagram di Marta per ammirare le sue immagini, tra cui il ritratto di Chloe, fotografata a Parigi. A proposito di questo scatto, Marta racconta di una giornata dal clima incerto: Abbiamo avuto un sole fortissimo, poi pioggia, poi vento e infine sole con nuvole, di conseguenza, lo shooting sembra essere stato eseguito in giorni differenti.

Marta Bevacqua è nata a Roma nel 1989, scopre la passione per la fotografia al liceo e la coltiva dopo il diploma. Frequenta un corso di Fashion Photography a Londra nel 2011. Collabora con riviste come Marie Claire e Vogue, e con aziende come Vichy e Samsung. Ha ricevuto premi come l'IPA e il Prix Picto. Dal 2014 vive a Parigi, rappresentata da Open Space Paris.

www.martabevacquaphotography.com

BELLEZZA BRUTALE
Intervista a Mustafa Sabbagh

La bellezza, ma anche la brutalità catastrofica che solo l'essere umano può generare e sprigionare: è questo il territorio oscuro, percorso palmo a palmo in modo coraggioso e disincantato dal fotografo Mustafa Sabbagh. Nelle sue produzioni fotografiche egli plasma creature inconsuete, manichini viventi interpreti del suo vedere. Quelle di Sabbagh sono raffinate messe in scena, situazioni inverosimili che ricalcano appieno il feticismo e il narcisismo dell'epoca digitale. È appunto uno strano mondo, fascinoso specchio di ciò che siamo o, ancor peggio, di ciò a cui tendiamo.

Nelle immagini del fotografo sembra essere una lunga e interminabile narrazione che ha molto di teatrale, dove Mustafa Sabbagh esprime la verità dell'esperienza umana piena di ironia e tristezza, gioia e speranza. Nelle sue opere l'artista condensa, come un sensitivo, gli umori più disparati che fanno dell'esistenza un imprevedibile palcoscenico. Questa finzione scenica è il modo migliore per strappare la verità profonda delle cose; ecco quindi che l'invenzione formidabile dei suoi soggetti, tutti peculiari e diversi fra loro, sembra non farli appartenere alla stessa specie che, peraltro, si chiama specie umana.

Ma chi è Mustafa Sabbagh? A quali enigmi sottende la sua creatività? Scopriamolo insieme.

Come sei approdato alla fotografia?

Ho iniziato da bambino, giocando con una vecchia Polaroid. Ed è sempre giocando che mi sono ritrovato innamorato. Nel mio gioco amoroso con la fotografia non mi interessava la ricezione visiva del vissuto, ma quel gesto atavico di ricongiungimento con la mia memoria emotiva. Per questo motivo credo che la fotografia sia un codice trasmissibile del nostro DNA.

Nel tuo percorso attraversi vari territori: sei fotografo professionista nell'ambito della moda ma anche artista che, oltre alla fotografia, utilizza anche l'installazione, i suoni...

Da nomade ho sempre rigettato i muri divisori fra le persone, fra i territori, fra le discipline dell'arte e della cultura. Non esistono confini, solo punti di connessione. La fotografia è il mezzo per mettere in atto il mio pensiero. Nessuna mia foto sarà mai isolata dal contesto, che oggi - dopo avere acquisito un certo grado di consapevolezza del mio essere nello spazio - prende anche la forma dell'installazione. I suoni ne rappresentano l'anagramma tra il pensato e il visto, reso visivo.

Cosa riconosci al nostro Paese in ambito artistico: maggiore ispirazione? Maggiori possibilità?

Pensare all'Italia semplicemente come a uno spazio fisico sarebbe riduttivo. Il concetto-arte viene alla luce da un pensiero-società ed è stata Roma a partorire la prima forma di Stato, il che ha generato una risposta culturale strutturata per riflettere sullo stato delle cose. L'ispirazione non è altro che vivere in modo totale il contesto. Stato, religione, parola, il senso dell'avvenire... È dall'analisi di queste condizioni primarie, condicio sine qua non, che può nascere un artista.

Hai vissuto all'estero, parli un ottimo inglese, come mai ti sei stabilito in Italia?

Non basta parlare la lingua di un posto per sentirsi a casa. Casa è dove la tua mente vive ogni attimo. L'Italia è la mia anima sofferta.

Come artista ti esprimi sempre per cicli, per progetti, seguendo un tuo stile sempre molto preciso e riconoscibile. Come nascono i tuoi lavori?

Il tempo richiesto da un mio progetto è fisiologico, ma la gestazione mentale non è come quella fisica. Niente è prestabilito. Ogni ciclo richiede un tempo diverso e insegue una propria verità. Per questo motivo, credo che non riuscire a essere riconoscibili sia un limite di chi non lavora sulla propria verità. La mia è quella di riuscire a comunicare un valore etico attraverso una forma sublime come l'estetica.

Quanto conta la tecnica e quanto il pensiero?

La tecnica è l'alfabeto, ma chi sa davvero scrivere è solo chi ha un pensiero da mettere in lettere.

Sei molto conosciuto e seguito, anche sui social. Senti una responsabilità sociale nel momento in cui inizi un progetto?

Assolutamente no. La responsabilità che sento è profondamente e unicamente personale. Da Schopenhauer a Debord, relativismo, situazionismo: nel mondo è fondamentale solo ciò che ciascun uomo vede.

A cosa stai lavorando in questo momento?

Ora a nutrirmi, perché ho fame, con i miei più antichi amici, vecchi libri che mi sanno sfamare.

Quello che I fotografi non dicono

MUSTAFA.SABBAGH0.3

Il fotografo di origini giordane Mustafa Sabbagh crea opere che danno vita a insolite creature, interpreti di una personale filosofia del vivere. Tra i suoi progetti più noti spiccano Almost True e Memorie Liquide, Onore al Nero, oltre al progetto di volterriana memoria intitolato Candido. Visita il profilo Instagram di Mustafa Sabbagh per immergerti nel suo mondo onirico e scoprire queste affascinanti opere.

Mustafa Sabbagh è nato ad Amman nel 1961, da famiglia italo-palestinese, ha una carriera cosmopolita. Ha lavorato con Richard Avedon e insegnato al Central Saint Martins College. Fotografo di moda, dal 2012 si dedica all'arte contemporanea usando fotografia e video-arte, con una forte attenzione alla pelle come simbolo di unicità.

www.mustafasabbagh.com

EPIFANIE
Intervista a Francesco Merlini

Per il British Journal of Photography Francesco Merlini è uno dei talenti più interessanti del momento. Sarà per quel qualcosa d'impalpabile che aleggia, allusivo ed emozionante, in ogni suo progetto. Un senso di mistero che sospende i luoghi tra realtà e sogno, trasformandosi in una riflessione personale ed intimista.
La fotografia è un mezzo che riproduce necessariamente la realtà. Al fotografo dunque, tocca scegliere fra la registrazione della pura cronaca e la testimonianza, intesa come esperienza e racconto personale. Al primo caso sono riconducibili innumerevoli capolavori della Fotografia giornalistica, nei quali la straordinarietà di soggetti ed eventi riprodotti è il tema portante che efficacemente suscita reazioni ed emozioni. Nel secondo caso invece, alcuni elementi contenuti nell'immagine perdono il loro senso naturale per acquistarne un altro, aderendo così esclusivamente al giudizio soggettivo del fotografo; la sua testimonianza diviene quindi l'unica realtà. Ed è in questo secondo ambito che muove i suoi passi Francesco Merlini, fotografo valdostano, classe 1986. Cerchiamo di scoprire le istanze e i propositi che motivano le sue fotografie e i suoi progetti.

Com'è nato il progetto Valparaiso e perché?

Ho cercato di raccontare la valle in cui sono nato e dove ho vissuto da bambino, sebbene poi sia cresciuto a Milano. È un luogo a cui sono unito da un legame emotivo che coinvolge me, mio padre - scomparso quando avevo quindici anni - e mia madre, mancata poco tempo fa. Ho deciso di mettere da parte ogni tipo di approccio oggettivo con la consapevolezza di non essere mai stato interessato alla bellezza del paesaggio naturale o alla realtà oggettiva. Ho elaborato un linguaggio che attingesse al concetto di realismo magico, unendo la fotografia documentaristica con una postproduzione che mi permettesse di creare qualcosa di nuovo e inaspettato. L'intento è stato quello di creare un percorso fotografico in cui il pubblico non riuscisse bene a orientarsi tra realtà e fantasia. Ho trascorso un anno a cercare paesaggi e situazioni surreali. La scelta del momento della giornata in cui scattare e il tipo di luce sono stati elementi importanti per raggiungere il mio risultato. La postproduzione, frutto di molti esperimenti e fallimenti, non ha fatto altro che amplificare l'atmosfera e il coinvolgimento di chi guarda il piccolo universo spaziale ed emotivo che ho voluto creare.

Come definiresti lo stile delle tue immagini?

Cerco sempre di mettere l'intento narrativo davanti allo stile, andando a definire un linguaggio che sia quello giusto per comunicare nel migliore dei modi la storia che voglio raccontare. L'industria fotografica, invece, sembra riconoscere più meriti a chi utilizza sempre lo stesso linguaggio continuando a ripetersi e soffocando la diversità. Valparaiso è diverso dai miei precedenti progetti in bianco e nero, perché non avrebbe avuto senso realizzarlo con lo stesso stile: sebbene lo padroneggi maggiormente, il bianco e nero non avrebbe trasmesso le emozioni e le atmosfere che volevo suscitare. Riconosco però che ci sono degli elementi ricorrenti in ogni mio progetto; ad esempio, l'utilizzo del formato verticale e la scelta di mettere il soggetto al centro dell'inquadratura con l'intento di trasformare i protagonisti delle mie foto in simboli, archetipi di concetti più ampi e universali. Non a caso, spesso rivedo nelle mie foto elementi che stanno alla base del linguaggio visivo delle carte dei Tarocchi.

Qual è il significato personale che attribuisci alla parola fotografia?

Per me la fotografia ha sempre avuto un valore educativo. Dorothea Lange diceva che la fotografia insegna alle persone a guardare. Ogni giorno guardiamo centinaia, migliaia d'immagini senza soffermarci. Guardiamo ma non sentiamo. Una buona fotografia è capace di trasformare qualcosa di quotidiano e invisibile agli occhi dei più in qualcosa di straordinario, inedito, che emoziona e fa pensare. Spero che la visione del reale che mostro attraverso il mio lavoro faccia sì che qualsiasi individuo osservi il mondo sotto una nuova luce, attivamente, schiudendo qualcosa e infondendo una sensazione di stupore e curiosità, che renda la vita meno prevedibile e più emozionante. Penso alla fotografia come fonte di epifanie.

La fotografia deve essere stampata o funziona ugualmente riprodotta su uno schermo?

Per quanto abbia iniziato con la pellicola, considero me stesso un nativo digitale e la fotografia qualcosa di non materico e impalpabile. Nella mia testa trovo quasi più affinità tra la fotografia e la musica che fra la fotografia e la pittura. Questo è anche una conseguenza degli strumenti virtuali, ossia il web, con i quali un fotografo oggi veicola quasi completamente il proprio lavoro. La possibilità di vederlo stampato è sempre più rara. Ciò non toglie che mi emozioni ogni volta che vedo una mia fotografia uscire da un plotter. Osservare come qualcosa che nasce da uno sguardo, qualcosa che non può essere afferrato se non con gli occhi, si trasformi in un oggetto, in qualcosa che un collezionista o un curatore vuole possedere e mostrare mi colpisce molto. La stampa unita allo spazio in cui si allestisce una mostra o alle pagine di un libro, apre inoltre un livello di riflessione completamente diverso sul proprio lavoro, creando un nuovo ventaglio di possibilità che andranno a rafforzare o magari a sconvolgere il modo in cui quel lavoro era stato pensato precedentemente.

Come sei giunto alla fotografia?

È successo. E sinceramente non so spiegare perché. Un giorno, dopo qualche foto fatta con la prima macchinetta digitale ho deciso che volevo capirne di più per trasformare un gesto, dettato dalla necessità di immortalare un compleanno o un evento, in qualcosa di nuovo e più profondo. Ho sempre amato disegnare, ritagliare e costruire cose con le mie mani. Probabilmente questo background, a un certo punto della mia vita, è stato influenzato dal desiderio di voler mostrare agli altri come io vedevo la realtà. L'immediatezza del mezzo fotografico ha fatto il resto.

Quanto il tuo percorso di studi ha influito sul modo di concepire lo stile delle tue immagini?

Mi sono laureato in disegno industriale presso il Politecnico di Milano e questo percorso di studi, per quanto diverso dalla fotografia, mi ha fatto riflettere e lavorare moltissimo sulla percezione visiva della realtà e sul rapporto tra il fruitore e il prodotto creativo, sia esso un oggetto o una fotografia. Questo corso di studi mi ha inoltre lasciato un metodo che ancora adesso applico alla realizzazione dei miei progetti fotografici.

Il bianco e nero e il colore. Quando e come decidi cosa utilizzare?

Quando ho iniziato a fotografare ero particolarmente interessato alla fotografia diaristica e ai progetti a lungo termine; mi sono subito reso conto di come l'utilizzo del bianco e nero mi permettesse di creare coerenza visiva tra immagini scattate a distanza di molto tempo e in situazioni diverse. Questo, in aggiunta alla potenza grafica e materica data dall'utilizzo combinato con il flash, mi ha fatto privilegiare il bianco e nero. Successivamente mi sono reso conto di come questa coerenza visiva fosse anche un limite, andando a livellare, annacquare o uniformare drasticamente l'atmosfera di alcune situazioni riprese.

Quindi ho iniziato a esplorare con maggiore attenzione e curiosità la fotografia a colori. Per scegliere lo stile da utilizzare valuto sempre in base al soggetto: se posso attendere il momento della giornata migliore per scattare, allora prevale il colore, come in Valparaiso. Se invece non ho la possibilità di aspettare o di utilizzare la luce artificiale, scatto in bianco e nero.

Quali sono i tuoi fotografi preferiti?

Ci sono moltissimi fotografi che hanno attirato la mia attenzione nei primi anni, come Anders Petersen, Diane Arbus, Daido Moryama, Questi hanno in seguito lasciato spazio ad altri che mi hanno permesso di migliorare come Viviane Sassen, Mark Cohen o Larry Sultan. E poi sono sempre stato influenzato dalle singole foto senza autore che in ogni momento della vita hanno attirato il mio sguardo, magari sul web o sfogliando una rivista in una sala d'aspetto.

FRANCESCOMERLINI

Nel suo profilo Instagram potrai ammirare le immagini del progetto Valparaiso. "Ho cercato di raccontare la valle in cui sono nato e dove ho vissuto da bambino," racconta l'autore, che ha fotografato luoghi ai quali è unito da un forte legame emotivo. In tutte le immagini di Valparaiso, l'autore lavora in low key: la luce è appena intuibile, eppure i segni, le tracce e le texture sono ugualmente riconoscibili, poetiche e struggenti.

Francesco Merlini è nato ad Aosta nel 1986, studia Industrial Design al Politecnico di Milano. Dopo la laurea, si dedica alla fotografia, lavorando su progetti personali, corporate ed editoriali. Ha vinto il Conscientious Photography Portfolio Award nel 2015 e le sue opere sono state selezionate dal British Journal of Photography. È rappresentato da Prospekt Photographers.

www.francescomerlini.com.

WHAT WE KNOW NOTHING ABOUT
Intervista a Lina Bessonova

Se la fotografia analogica continua a suscitare l'interesse di milioni di appassionati in tutto il mondo, lo si deve anche a fotografi come Lina Bessonova. Dotata di grande sensibilità e altrettanta disciplina, da alcuni anni lavora rigorosamente in bianco e nero, sviluppando e stampando personalmente i propri negativi.

Chi, per ragioni anagrafiche, ha scattato con la pellicola e ha atteso con trepidante emozione il fatidico giorno del ritiro delle stampe presso la bottega del fotografo, non può non provare un po' di nostalgia per quell'incertezza del risultato che, oltre alle molte delusioni, di tanto in tanto regalava soddisfazioni inaspettate. Chi invece non ha vissuto quella gloriosa epoca della fotografia, può iniziare a provare quel piacere e quella tensione oggi stesso, grazie a una sempre crescente comunità online, ricca di veri e propri guru, che sperimenta ogni tecnica, dalla ripresa alla stampa in camera oscura.

Ansel Adams diceva che per una buona stampa in bianco e nero ci vogliono cuore e cervello. Qualità che saltano subito agli occhi prendendo in mano una fotografia di Lina Bessonova. Trentenne, nata in Russia, è oggi seguitissima sui social da decine di migliaia di follower. E pensare che la fotografia è giunta nella sua vita quasi per caso; e quella analogica ancor più inaspettatamente. Il suo futuro, infatti, sembrava già programmato: prima gli studi in comunicazione e nuovi media, poi via a lavorare nel marketing. Invece è arrivata la fotografia prima con il digitale e, dopo qualche anno, solo ed esclusivamente analogica.

Comincio con chiederle qualcosa a proposito della sua recente mostra di New York, a Chelsea, dal titolo What We Know Nothing About.

Lina, cosa esprimi con la tua mostra intitolata Ciò di cui non sappiamo nulla?

Le venti stampe esposte a New York lo scorso maggio, e che porterò in giro per l'Europa entro la fine dell'anno, sono altrettanti istanti che hanno per me un forte valore emotivo e rappresentano una metafora. Sono immagini colte durante il mio girovagare a caccia di quella scena che mi rende felice, a dimostrazione che per quanto ci possiamo sforzare a osservare il mondo, rimarremo sempre all'oscuro del quadro generale e delle leggi fondamentali della vita.

Sono immagini che hai prodotto in analogico dalla ripresa alla stampa?

Certamente. Per i lavori personali utilizzo la mia Yashica D, una biottica medioformato che impressiona fotogrammi quadrati 6x6. Non è la migliore fotocamera del mondo e l'obiettivo non è così nitido, ma trovo che la sua morbidezza risuoni con le sensazioni che voglio trasmettere. In camera oscura eseguo le stampe con carte baritate Ilford, e non vedo l'ora di sperimentare il supporto Polywarmtone di Adox, da poco reintrodotto sul mercato.

Raccontaci qualcosa della tua camera oscura.

È molto ben attrezzata e allestita con apparecchi professionali per essere utilizzata nella massima sicurezza. Ho un ingranditore enorme, che accetta pellicole sino al formato 30x40 cm, che affianco a un 6x9, entrambi della IFF. Poi utilizzo altri tre ingranditori 5x7 pollici con luce LED, che ho fatto personalizzare modificandoli per utilizzare questo tipo di sorgente luminosa.

A quando risale la tua prima esperienza con la fotografia?

Ho cominciato a fotografare circa otto anni fa. È stata un'esperienza indescrivibile che mi ha immediatamente coinvolto e mi ha fatto capire che quella sarebbe stata la mia strada. In realtà, il mio primo lavoro fotografico fu una catastrofe, ma ciò non ha impedito che si accendesse in me l'amore per il processo analogico. Fu la pura magia di quelle prime stampe orribili a spronarmi a continuare la mia sperimentazione con le tecniche di camera oscura.

Si tratta di un lavoro molto solitario. Come riesci a condividere con altri questa tua passione?

Effettivamente è facile sentirsi soli in camera oscura e ogni tanto capita anche a me. La cosa più difficile è trovare qualcun altro appassionato e impegnato a stampare nella stessa mia area geografica. Fortunatamente oggi esiste una grande comunità analogica online, dalla quale ricevere supporto. Ogni volta che incontro un problema o semplicemente condivido i miei processi di sviluppo e stampa, ottengo un'incredibile quantità di ottimi consigli, feedback positivi e un interesse sincero.

Cosa determina maggiormente il tuo stile attuale e cosa ha influenzato il tuo modo di intendere la fotografia?

Mi ha sempre interessato moltissimo l'arte astratta, che è stata e rimane la mia più grande fonte d'ispirazione. C'è un dipinto in particolare che rappresenta poche linee rosse e blu molto sottili e due quadrati bianchi su uno sfondo bianco: quest'opera rappresenta per me l'ideale della bellezza. Semplicità e minimalismo che si traducono in purezza di linee e forme, capaci di sprigionare un significato profondo. Poi non posso non ricordare il mio primo insegnante di fotografia, il fotografo Francesco Arese Visconti. Ho avuto la fortuna di essere sua assistente durante alcuni reportage. Un'esperienza fondamentale che mi ha convinta a intraprendere questa professione.

Le tue immagini non ritraggono situazioni straordinarie o cose speciali. Credi che anche il soggetto debba rispecchiare un ideale di semplicità per rispondere al tuo stile?

Cerco cose semplici e quotidiane che rispecchino il mio immaginario e se attraverso la stampa riesco a renderle un po' astratte e irriconoscibili, allora sento di avere raggiunto il mio obiettivo. Mi piace rappresentare la luce che, attraverso le ombre, anche le più profonde, mostra tutto, ma allo stesso tempo non rivela nulla.

Grande parte del tuo lavoro riguarda l'insegnamento in camera oscura attraverso specifici workshop.

L'esperienza di assistente al mio insegnante, durante il corso di studi in fotografia, mi ha fatto comprendere che aiutare altri fotografi a raggiungere ottimi risultati è incredibilmente gratificante. Non c'è niente al mondo che mi rende più felice. Nemmeno eseguire le mie stampe. Credo che il motivo vada ricercato nel fatto che tutti i problemi, gli errori e naturalmente le soluzioni immaginabili che ho incontrato durante questi anni di lavoro, diventano immediatamente più preziosi quando si trasformano in insegnamenti per i miei allievi.

Qual è la prossima idea che intendi sperimentare?

Senza la pellicola non potrei fotografare. In realtà uso molto l'iPhone per documentare il mio lavoro, per scattare foto generiche e da condividere su Instagram. Prossimamente vorrei realizzare dei lightbox con immagini su pellicola, tutto rigorosamente analogico. Attualmente sto sperimentando la stampa di due immagini su uno stesso foglio, una specie di fotomontaggio ma senza tagli e ritocchi. Utilizzo due differenti negativi e due ingranditori contemporaneamente. Ho già fatto diverse prove con risultati davvero eccezionali. Ma solo ora ho finalmente l'attrezzatura per farlo in modo coerente e corretto e tutto ciò che mi serve è un po' più di tempo libero! Sto anche realizzando un fotolibro incentrato sulla fotografia di architettura, per condividere un interessante progetto che ho terminato da poco a Montecarlo.

Che attrezzatura utilizzi per le tue fotografie?

Dipende molto da cosa devo fotografare, possiedo apparecchi sino al formato 8x10 pollici. Come dicevo mi piace utilizzare la Yashica D, formato 6x6 con pellicole Kodak T-Max 400 e Ilford Delta 100. Il fotogramma quadrato ha su di me un incredibile fascino. Per i lavori su commissione adopero una Mamiya 7 II con obiettivo da 65mm.

Quale dei tuoi progetti ti ha dato maggiore soddisfazione?

In realtà non si tratta di un vero e proprio progetto fotografico ma di un'esperienza che ho vissuto un paio di anni fa. Stavo partecipando a un corso di meditazione in un luogo immerso nella natura e assolutamente isolato, in Israele. Dieci lunghissimi giorni durante i quali era proibito parlare con gli altri partecipanti, oppure scrivere, leggere, ascoltare musica, usare il telefono e fotografare. Ma io, che mi ero portata di nascosto la fotocamera, il nono giorno non ho più resistito alla tentazione di documentare questa esperienza. Fortunatamente, fui molto brava a nascondere quella scatoletta di metallo che mi portavo appresso e la mia piccola ribellione passò inosservata. Ebbene nelle immagini che ho scattato c'è tutto il silenzio di quei giorni. Sono scene a me molto care che documentano la mia stanza, oppure l'ombra della sedia, sulla quale sono stata seduta a lungo in silenzio ogni giorno tra le sessioni di meditazione.

E quello che tieni nel cassetto ma che speri di portare a compimento?

Vorrei realizzare un progetto interamente con la mia fotocamera a banco ottico 8x10. Purtroppo il materiale sensibile è molto costoso e per questo motivo mi sto dando da fare per trovare uno sponsor tecnico che supporti il progetto. Sarebbe mia intenzione eseguire un lavoro di documentazione nella regione del Caucaso. Si tratta di un ambiente straordinario dal punto di vista naturale, ma fatto anche di persone e di grandi problemi sociali che dovrebbero essere portati all'attenzione del resto del mondo.

A tuo avviso, questo rinnovato interesse per la fotografia analogica è destinato a crescere ancora?

Naturalmente non possiamo conoscere in anticipo il futuro, ma possiamo fare del nostro meglio per garantirne uno brillante a questo tipo di processo fotografico che ci piace così tanto. E se proprio un giorno dovessero scomparire le pellicole, continuerei a stampare i miei negativi, a interpretarli ogni volta in modo diverso, poiché quello che mi interessa veramente è disegnare con la luce.

Quello che I fotografi non dicono

LINABESSONOVA.PHOTOGRAPHY

Le immagini del suo profilo Instagram, rivelano i tratti distintivi dell'artista, come il continuo riferimento all'arte astratta e minimalista e l'uso dell'ombra per suggerire soggetti o luoghi non inclusi nel fotogramma. L'occhio del fotografo cerca realtà non immediatamente decifrabili, capaci di suscitare curiosità ed emozione nell'osservatore. Lina Bessonova possiede cinque ingranditori, tre dei quali costruiti su sue specifiche tecniche, dotati di luce LED per un'illuminazione costante che minimizza calore e consumo energetico.

Lina Bessonova è nata in Russia, vive a Firenze e lavora in Toscana e Costa Azzurra. Ha un master in fotografia e si dedica alla fotografia analogica, di cui è esperta. È popolare sui social media per le sue guide e tutorial. Tiene seminari e workshop a Firenze, promuovendo la fotografia analogica in vari eventi pubblici.

www.linabessonova.photography

AURA BIANCO-E-NERO
Intervista a Renato D'Agostin

Anagraficamente appartenente alla generazione dei nativi digitali, Renato D'Agostin è rimasto fedele al procedimento analogico, facendone uno strumento inequivocabile della sua poetica. Usa quasi esclusivamente il bianco e nero, il grande amore dei puristi della fotografia. Le sue immagini astratte, avvolte da un'aura di mistero, sembrano trattenere insieme gli opposti. Lontano-vicino, grande-piccolo: sono espedienti messi su carta non per sottolineare contrasti e fratture, ma per mantenere in perpetuo equilibrio luce e ombra, eternamente inseparabili e complementari.

Quando hai capito che la fotografia sarebbe diventata la tua professione?

A diciotto anni, durante l'estate dopo il liceo, imbracciai la macchina fotografica e girai l'Europa in treno per un mese. Quello è stato il test che mi ha permesso di comprendere che la fotografia non sarebbe stata un hobby, ma il pensiero con cui addormentarmi la sera e svegliarmi al mattino. Nonostante sia un'attività difficile, faticosa, incerta, ancora oggi è la cosa più importante e sono felice della mia decisione.

Quanto ha influito la scelta di stabilirti a New York?

In America esiste un grande mercato della fotografia che mi ha permesso di vivere del mio lavoro. A New York, gli incontri con galleristi, artisti e fotografi sono molto più frequenti e meno formali che a Milano. Non dico una novità affermando che in quella città certe cose possono davvero accadere. Nella Grande

Mela, ad esempio, ho conosciuto il mio gallerista italiano e anche quello di Parigi.

A New York hai incontrato il fotografo Ralph Gibson, divenuto il tuo mentore.

Credo che il suo nome possa essere annoverato tra i più grandi fotografi del mondo. Ricordo che la mattina lavoravo come dog walker, portando a spasso otto cani bellissimi, mentre al pomeriggio andavo in giro a mostrare il mio lavoro o rimanevo in casa a cercare contatti su internet. Una sera scrissi una mail a Gibson, mi sentivo estremamente vicino alla sua estetica e al suo modo di fotografare. Dopo una settimana non mi sembrò vero ricevere la sua risposta: Gibson mi invitava nel suo studio a Soho. Ci andai con il mio pesantissimo portfolio, lui lo guardò e mi disse: sei troppo italiano! consigliandomi di togliere i passe-partout, di mettere le foto dentro una scatola e di viaggiare leggero. Poi prese due stampe e le guardò intensamente dicendomi: da domani puoi venire a mettere in ordine il mio studio. Mi ritrovai così a riordinare migliaia di volumi di storia della fotografia nel suo fantastico loft.

Ebbi la possibilità di sfogliare i libri sui grandi maestri della fotografia americana, tutti con dediche appassionate per Ralph. La settimana successiva mi chiese come me la cavassi con la stampa del bianco e nero. Risposi che avevo sempre stampato da solo, così mi aprì le porte della sua camera oscura. L'ingranditore era un Leitz Focomat 1C del 1954, piccolo e tutto sgangherato, con il quale Robert Frank aveva stampato le foto per The Americans, Larry Clark il suo Tulsa, e Ralph Gibson tutte le sue fotografie.

Ricordi la prima fotografia che hai stampato con quell'ingranditore?

Certo! Uno scatto degli anni Sessanta che Gibson considerava il più brutto di tutta la sua carriera. L'immagine ritraeva Mary Frank, la moglie di Robert, sulla spiaggia in controluce. Mi diede tre giorni per fare una buona stampa. Quando infilai il negativo nell'ingranditore, mi prese il panico poiché mi resi conto che non c'era nulla di buono da tirar fuori. Passate cinque ore gli mostrai la mia stampa e, dopo questo esame andato bene, cominciarono cinque anni di ottima collaborazione. Seguendo i suoi consigli, sono riuscito nel tempo ad aprire il mio studio e la mia camera oscura a New York.

Come mai lavori ancora in analogico?

La fotografia è scrivere con la luce. Credo che il processo analogico mi permetta fino in fondo di vivere questa emozione. Lo scatto è il momento di partenza col quale ci si limita a registrare sulla pellicola. In camera oscura disegni letteralmente con le mani facendo le mascherature e comprendi come una frazione di secondo faccia la differenza. Stampando, ho imparato a dare valore al tempo e alla luce. Penso che la camera oscura dovrebbe essere materia insegnata nelle scuole.

Quindi credi che la fotografia abbia un ruolo formativo importante?

La fotografia è terapeutica e, a mio avviso, lo è molto di più della scultura e della pittura, perché ha un'immediatezza che le altre forme d'arte non hanno. Esiste l'art therapy e tempo fa a Parigi mi fu chiesto di insegnare a stampare in camera oscura in un istituto psichiatrico. Allora avevo ventiquattro anni e non me la sentii, ma oggi lo farei. La fotografia analogica insegna ad accettare l'errore: quando scatti in pellicola, scatti quello che senti, non quello che vedi sul display e, una volta stampati i provini a contatto, impari ad accettare il risultato e le foto sbagliate, che non butti nel cestino, ma rimangono insieme ai tuoi negativi, e dopo qualche anno ti accorgi di un'immagine bellissima che non avevi neppure preso in considerazione.

Potresti citare qualche fotografo che ha ispirato il tuo lavoro?

Mi sento molto vicino alla fotografia americana degli anni Cinquanta: Ray Metzker, Saul Leiter, ma anche agli italiani Mario Giacomelli e Fulvio Roiter nel primo periodo, quando fotografava in bianco e nero. L'influenza però, è un'arma a doppio taglio, tanto che il difficile è comprendere quand'è il momento di imboccare la propria strada. Quando Gibson mi chiedeva fotografie nuove, gli dicevo quanto fossi preso dal lavoro che facevo per sopravvivere, ragion per cui non avevo niente di nuovo da mostrargli. E lui ribatteva che ero io a doverlo ispirare e non il contrario! Questa fu un'importante molla che mi spinse a non separarmi mai dalla macchina fotografica.

Lavori spesso su sfocature, sovrapposizioni e distanza dal soggetto. Quanto è importante quest'ultima rispetto al tuo modo di ridimensionare il mondo?

Molto. Infatti, mi sono trovato a mio agio nei progetti realizzati a Shanghai, ma ancor più a Tokyo, dove vi è una distanza psicologica, culturale, linguistica. Quando arrivai in Giappone nel 2007, lo shock culturale fortissimo che ho provato l'ho messo tutto nella mia fotografia. Idem a Los Angeles, dove il senso di alienazione è estremo. Ecco, in questi posti mi trovo bene a fotografare. Ho avuto invece problemi a Istanbul, perché la cultura è molto profonda, tutto è basato sulla vicinanza, a cominciare dall'urbanistica. Quando fotografo, cioè, ho bisogno di sentirmi isolato, spaesato e di entrare in una sorta di trance. Credo di non aver mai scattato una foto senza avere nelle orecchie una musica di sottofondo.

Parlaci dei libri che realizzi dopo ogni tuo viaggio-progetto.

Sono la mia ossessione. Il primo che ho realizzato è stato quello su Tokyo, partendo dal mio amore per i libri giapponesi come quelli di Hideaki Uchiyama, Hiroshi Sugimoto, Eikoh

Hosoe. Soprattutto negli anni Cinquanta in Giappone il libro fotografico rappresentava l'opera finale poiché non esisteva un mercato della fotografia e anche il concetto di esposizione è nato dopo. Ho capito presto che i miei progetti dovevano concludersi con la produzione di un libro, perché è là che vivono davvero, conservati e protetti da qui all'eternità.

Parlando di stampe, come avviene la tua produzione, in termini di formati e di edizioni?

Solitamente prevedo tre formati per ogni immagine che stampo in camera oscura. Sono edizioni di venticinque esemplari per le dimensioni piccole e medie, solamente cinque per le stampe di grande formato come il 66x100 cm. In genere conservo per me le numero uno, due e tre - come mi ha insegnato Ralph - le tengo per il futuro. Per quanto riguarda le quantità, in Italia venticinque esemplari sono considerati tanti, mentre negli Stati Uniti, tirature di questa entità sono assolutamente normali. L'Italia ha un problema di comprensione culturale... Io quando posso, porto il collezionista in camera oscura per mostrargli quante sono le variabili e quanto poco una stampa artigianale possa essere considerata un multiplo.

Quello che I fotografi non dicono

RENATODAGOSTIN

Nel suo Instagram sono presenti una serie di progetti che esplorano diverse città del mondo. In Tokyo Untitled, si percepisce una profonda connessione tra l'uomo e l'ambiente urbano, evidenziata in scatti come Man and Bird e Man Stripes. Il progetto Venice cattura l'essenza della città lagunare con immagini evocative. Con Shanghai, l'artista esplora la dinamica moderna della metropoli, mentre la serie Metropolis comprende scatti di città iconiche come Parigi e New York, con foto che rivelano dettagli affascinanti e spesso trascurati.

Renato D'Agostin è nato a San Donà di Piave nel 1983, inizia a fotografare al liceo. Dopo un periodo a Milano, si trasferisce a New York, dove diventa assistente di Ralph Gibson. Espone la serie Metropolis alla Leica Gallery di New York nel 2007. Le sue opere sono presenti in collezioni pubbliche come la Library of Congress e The Phillips Collection.

www.renatodagostin.com

L'IMMAGINE PIÙ CHE LA FORMA
Intervista a Mikael Siirilä

Moderno e classico insieme, Mikael Siirilä si tuffa nel reale e al tempo stesso insegue un'idea di surrealtà trasfiguratrice. Adopera esclusivamente la pellicola bianconero, che sviluppa in camera oscura: uno spazio privilegiato e protetto per la riflessione, l'introspezione e la continua sperimentazione.

«L'artista deve sentire, attraverso il grande simbolo della natura, l'unità metafisica di tutte le cose», scriveva il filosofo Friedrich Nietzsche. E Mikael Siirilä sembra rispecchiarsi appieno in questa definizione, essendo non solo un talentuoso fotografo, ma anche un indagatore di questioni di valenza artistica. Siirilä è nato in Finlandia, vive a Helsinki e le sue fotografie divengono sempre oggetti fisici e concreti, perché sono stampate personalmente e con perizia estrema attraverso lunghe sessioni in camera oscura.

Sono scatti apparentemente semplici, minimalisti, osservazioni autentiche raccolte dalla vita quotidiana o durante i numerosi viaggi dell'autore. La grande abilità di Mikael Siirilä sta nel trasformare la narrazione in immagini singole e autonome, talmente perfette e concluse che, di fronte all'evidenza visiva, le parole appaiono superflue. Egli ha elaborato sofisticate tecniche di stampa recuperandole e adattandole alla propria poetica. Il suo lavoro è un'interpretazione soggettiva ed emozionale della vita perché con il suo approccio è orientato contemporaneamente verso un singolo frammento dell'oggettualità e nella direzione dell'immenso panorama della realtà. Idealmente Mikael Siirilä raccoglie l'eredità delle ricerche visuali dell'avanguardia storica che ha radicalizzato la ripresa con tagli inconsueti come scorci, frammenti e dettagli. Gli ho chiesto di parlarci di sé partendo dagli esordi.

A quando risale la tua prima esperienza con la fotografia?

Verso la fine degli anni '80, mio padre acquistò un ingranditore durante un viaggio di lavoro in Unione Sovietica. Era un ingranditore molto semplice, ma mi ha subito interessato. Scattavo fotografie con una Asahi Pentax meccanica e imparavo le basi della stampa alla gelatina d'argento nel bagno di casa. Due decenni e diverse fotocamere digitali dopo, ho riscoperto la pellicola quando è nata mia figlia. Documentare la gravidanza e il parto mi è sembrato qualcosa che dovevo conservare su pellicola.

Quanto tempo hai impiegato per ottenere lo stile definito e minimalista che caratterizza le tue immagini?

La mia comprensione della fotografia come forma di introspezione e autoespressione si è gradualmente evoluta negli ultimi dieci anni. Sono diventato consapevole del potenziale espressivo dei vari apparecchi, di quali prediligo e dei concetti che voglio esplorare. Come parte del processo, ho imparato a conoscermi meglio. Mi concentro esclusivamente sulla creazione di immagini che mi piace guardare più e più volte. Questa chiarezza di pensiero ha aiutato il mio stile fotografico a diventare più coerente.

Hai sperimentato diverse tecniche di stampa prima di raggiungere questo risultato?

Per niente. È interessante notare che quando ho riscoperto la stampa in camera oscura avevo già 30 anni e avevo un'idea chiara di quello che volevo. Soprattutto, ho amato l'effetto della grana evidente, i neri profondi e la poesia delle stampe alla gelatina d'argento degli anni '70 e ho cercato di padroneggiare il processo. Evito di sperimentare troppo per paura di perdere la concentrazione. Invece, ho cercato di perfezionare le tecniche che già utilizzavo. Senza la vasta offerta di conoscenze su Internet e il consiglio delle persone che ho incontrato, ciò non sarebbe stato possibile.

Cosa determina il tuo stile attuale e cosa ha influenzato il tuo modo di intendere la fotografia?

Immagino di creare fotografie come potrebbe improvvisare un musicista jazz. Esploro, mescolo e fondo influenze soggettivamente significative fino a quando non iniziano a convergere in qualcosa di nuovo. Il mio approccio è una sintesi consapevole di tutto ciò che mi piace e di ciò che sono. Attualmente abbraccio forti elementi neri, spazio e bordi delle immagini come fonte di significato. È fondamentale non perdermi nello stile. Prima di tutto, le immagini devono essere soggettivamente significative. Non lavoro su progetti. Tutte le mie fotografie sono incentrate su tre soli concetti che trovo stimolanti psicologicamente e intellettualmente: presenza, assenza ed estraneità. Cerco questi concetti sia nella materia che nel mio sguardo.

Pensi che le tue fotografie sarebbero le stesse se fossi nato più a Sud piuttosto che nel Nord Europa?

Riconosco la cultura e la mentalità finlandesi nel mio lavoro. Malinconia romanticizzata, riduzionismo visivo e un silenzio calmo sono componenti che apprezzo molto. Tuttavia, sento che gli artisti che hanno influenzato maggiormente la mia fotografia provengono da altre culture. I concetti che mi interessano sono universali. Spero che il mio lavoro possa essere compreso indipendentemente dal background culturale: un'espressione dell'umanità più che un'espressione del patrimonio culturale.

La fotografia analogica continuerà a esistere ancora per molto tempo?

Non solo esisterà, ma continuerà a evolversi! La fotografia analogica diventerà come le forme tradizionali di incisione: una volta divenute tecnologicamente obsolete, sono diventate artisticamente eccitanti. La necessità è stata sostituita dall'artigianato e dalla creatività. Sono fiducioso che le giovani generazioni di artisti spingeranno le tecniche analogiche in forme di espressione che non erano state immaginate in passato. La fotografia analogica manterrà il suo posto al centro dell'arte fotografica.

Com'è lavorare in camera oscura?

Ci sono voluti alcuni anni per completare ogni parte della mia camera oscura. Ho cercato l'attrezzatura ideale, i migliori procedimenti, con problemi infiniti. La mia camera oscura non è tipica: invece, ogni strumento e processo è incentrato sulla produzione di un particolare tipo di fotografia. L'attenzione ristretta ha contribuito a renderlo uno spazio molto efficiente. Il mio tempo lì è concentrato e produttivo e talvolta possono esserci settimane tra le sessioni. Il lavoro solitario in camera oscura è meditativo e profondamente soddisfacente.

Che tipo di macchina fotografica usi?

Una fotocamera a telemetro Leica con un obiettivo da 50mm. È lo strumento perfetto da portare ovunque. Quando possibile, porto anche una Nikon F6 con un macro da 105mm per superare i limiti del telemetro.

Dove scatti le tue immagini?

Non scatto mai in studio. Tutte le mie immagini provengono dall'osservazione della mia vita e dei miei viaggi. Osservo e cerco di indirizzare i soggetti che fotografo il meno possibile. Questo approccio è filosoficamente e poeticamente vitale per me e inseparabile dalla mia fotografia. Voglio agire come un estraneo che guarda il mondo, quindi raccolgo osservazioni e poi le riscopro in camera oscura. Sento che le immagini hanno una connessione causale con una realtà passata e la mia esperienza soggettiva di essa. Questa possibilità è unica per la fotografia come forma d'arte.

Promuovi il tuo lavoro in modo indipendente con i social media o hai rapporti anche con gallerie d'arte?

Cerco di essere il più indipendente possibile. È divertente avere una connessione diretta con clienti e follower attraverso i social media. Posso mantenere il controllo completo del mio lavoro, evitare lo stress, costruire rapporti personali con i collezionisti e mantenere accessibile il costo delle stampe. Ritengo che i social media siano una piattaforma valida per presentare il lavoro. Non sto cercando la rappresentazione della galleria tradizionale. La mia mostra è aperta tutti i giorni.

Come fai convivere il tuo lavoro in camera oscura, che è intimo e lento, con quello frenetico e pubblico delle piattaforme social?

La camera oscura è la mia fuga, il mio rifugio. Fare una lunga seduta in camera oscura mi dà una sensazione di calma. È molto diverso dal mondo digitale. Tuttavia, i social media sono diventati una parte essenziale di me. Attraverso Instagram ho creato amicizie durature con artisti che la pensano come me e che provengono da diversi Paesi. Sul social sono riuscito a trovare un pubblico interessato alla mia fotografia. Inoltre, ho utilizzato la piattaforma per condividere le competenze che ho imparato per ispirare gli altri.

Quali sono i Paesi più sensibili al collezionismo fotografico delle tue opere?

I miei mecenati e i collezionisti sono principalmente europei. Ho venduto la maggior parte delle mie fotografie in Francia, Italia, Spagna e Paesi Bassi. Penso che ci sia un crescente interesse per la fotografia analogica e anche per metodi fotografici alternativi.

Cosa consiglieresti a chi vorrebbe costruire un mercato per le proprie opere utilizzando internet?

Per me è essenziale comprendere l'approccio e la creatività di un artista prima di acquistare un'opera d'arte. Questa è una delle ragioni per cui i social media sono fantastici per gli artisti che sono disposti a condividere il loro mondo. Mi fa molto piacere seguire il pensiero, lo sviluppo e il processo dell'artista. Se compro una sua opera, divento parte della sua storia. Cerco di tenerlo a mente quando presento il mio lavoro sui social media. La cultura chiede all'artista di essere allo stesso tempo visibile e generoso. Non credo che demistifichi o svaluti l'arte, ma che la renda più reale.

MIKAELSIIRILA

Nelle sue fotografie si nota una calda tonalità della carta, risultato delle particolari tecniche di stampa utilizzate dal fotografo. La grana delle immagini è invece dovuta all'impiego di pellicole ad alta sensibilità, sviluppate con metodi specifici. L'artista spesso ricorre al mosso e a inquadrature originali, mostrando un chiaro interesse per la rappresentazione di elementi essenziali. Visita il suo profilo Instagram per scoprire l'intera produzione: immagini semplici ma mai banali, che tendono costantemente verso il minimalismo e le assonanze grafiche.

Mikael Siirilä è nato nel 1978 a Helsinki, è un fotografo autodidatta. Cresciuto in una famiglia amante dell'arte, ha appreso il processo della camera oscura fin da giovane. Decenni dopo, ha riscoperto la camera oscura come il terreno naturale per il suo lavoro artistico. Il suo approccio minimalista esplora temi come l'estraneità, l'assenza e la presenza. È membro del collettivo internazionale AliFormat.

www.mikaelsiirila.fi

LO SPESSORE DELLO SGUARDO
Intervista a Claudia Corrent

"Fotografare vuol dire mettere sulla stessa linea di mira la testa, l'occhio e il cuore": cito questa frase del grande Henri Cartier-Bresson per riassumere l'approccio all'immagine di Claudia Corrent, fotografa e artista che alterna l'uso del colore e del bianco e nero. Claudia utilizza anche fotografie altrui, scovate in chissà quale archivio, per dare corpo alle sue immagini, arricchendole di nuovo spessore. Le fotografie sono sostanzialmente inquadrature sulla realtà che, per diventare nostra e quindi essere definitivamente catturata e riprodotta, devono pagare, loro malgrado, il prezzo della bidimensionalità. L'apparente diminutivo che la realtà deve subire per diventare immagine e vivere una nuova esistenza su un foglio di carta diventa inaspettatamente la sua forza. Grazie alle scelte dell'autore, il significato delle immagini risulta arricchito, diventando un mezzo con cui narrare storie lunghissime in un battito di ciglia.

Questo nuovo spessore che l'immagine acquista dipende tutto dal fotografo, dalla sua fantasia, dall'universo complesso in cui alberga il suo talento. Claudia Corrent dimostra di conoscere profondamente i meccanismi che sottendono la creazione di un'immagine fotografica, e sicuramente i suoi studi in filosofia ed estetica sono stati fondamentali nella ricerca e nell'elaborazione di quello che oggi è il suo pensiero sulla fotografia e sulla sua funzione sociale.

Fotografa freelance, Claudia collabora con diverse testate giornalistiche, in Italia e all'estero, e parallelamente ai lavori su commissione porta avanti la sua ricerca sul senso della fotografia e il suo essere memoria, ricordo personale. Il suo lavoro è indirizzato alla scoperta di archivi fotografici familiari e sul concetto di mindscapes (letteralmente paesaggi mentali). La sua ricerca si focalizza sulla narrazione di storie legate a tematiche antropologiche e sociali e al rapporto tra l'uomo e l'ambiente. Lascio a lei la parola.

In alcuni progetti utilizzi la fotografia attraverso l'elaborazione di immagini d'antan. Quanto questa pratica ha a che fare con la tua idea di fotografia?

Che super domanda! Mi sono accorta che la fotografia a volte non basta e che è l'immagine la parte più ampia e importante. Quindi la fotografia da sola non può tutto: ha bisogno di parole, ha bisogno di un contesto, di spazio. La fotografia senza un pensiero è poca cosa, è solo tecnica. Vedere è ricordare, diceva Platone. Sono rapita dalla forza, dalla suggestione delle vecchie fotografie, dal loro farsi carico di significati e memorie. C'è un racconto di Plinio il Vecchio che spiega la nascita dell'idea di immagine, lo cito spesso quando insegno ai ragazzi perché è molto significativo.

La storia narra della figlia di un vasaio che, disperata per la partenza del suo amato, chiede al padre di fare qualcosa per trattenerlo, per non farlo andare via. Il vasaio disegna sul muro la sagoma del fidanzato proiettata da una candela accesa e ne trae un ritratto d'argilla. È una storia che trovo bellissima e che spiega davvero perché abbiamo bisogno delle immagini: servono per perpetuare il ricordo, per lenire l'assenza e trattenere la perdita. Ma la storia di Plinio racconta anche altro da un punto di vista ontologico: l'immagine, per noi oggi la fotografia, è la storia di un'ombra, un elemento che resta a metà tra il visibile e l'invisibile. Non è bellissimo?

Come definiresti il ruolo del fotografo contemporaneo?

Riflettevo su questo proprio qualche giorno fa e penso che chi lavora con le immagini abbia il dovere quasi protestante di vedere meglio, vedere di più, vedere oltre. La fotografia paradossalmente lavora sul filo sottile tra visibile e invisibile, tra immaginazione e realtà.

Com'è nato il tuo interesse per la fotografia?

Le immagini sono sempre state presenti e ricordo che da bambina sistemavo le foto di famiglia, una specie di editing molto semplice potremmo dire! Ne sono sempre rimasta affascinata. Mio padre mi regalò una macchina fotografica da ragazzina e poi all'università feci un corso di cultura visiva: da lì non ho più smesso. La fotografia è ritornata nel tempo, prima lentamente poi in maniera sempre più presente e importante. Anche la professione è arrivata naturalmente. Ricordo la soddisfazione della prima mostra in occasione della quale ho pensato: allora sì, posso farlo, si può fare!

Come nascono le idee per eseguire al meglio un lavoro su commissione e come nascono invece i tuoi progetti personali?

I lavori su commissione in un certo senso sono più facili poiché sai cosa devi fotografare. Inoltre, i clienti mi chiamano sapendo cosa faccio e quindi sanno che tipo di lavoro posso offrire loro: l'estetica, i soggetti e così via. Di solito recupero suggestioni, idee e bisogni, poi ritorno con i miei pensieri e le mie proposte e assieme al committente si costruisce il concetto su cui si baserà il lavoro.

Per i progetti personali, il percorso è più lungo: raccolgo nel tempo e nei luoghi più disparati - nel promemoria del cellulare, in taccuini, nel retro di libri che sto leggendo - spunti e idee. A volte capita che una poesia, una frase, un articolo di giornale, oppure il testo di una canzone, mi diano le suggestioni che stavo cercando e che trascrivo: poche parole, concetti su cui faccio una ricerca visiva e poi provo ad assimilarli per ricrearli in immagini. A volte sono tracce che rimangono per molto tempo, altre sono spunti veloci che mi permettono subito di iniziare.

Molti tuoi lavori hanno come soggetto la città di Venezia. Parlami di questa scelta.

Sono attratta dalle isole perché credo possano offrire una prospettiva privilegiata sul mondo. Distanti dalla terraferma, le isole incarnano ciò che lo psichiatra e studioso Vittorio Lingiardi ha definito mindscapes: luoghi a metà fra l'immaginazione e la realtà, in equilibrio tra l'interno e l'esterno. Luoghi che cerchiamo nel mondo per dare forma e immagine a qualcosa che è già preesistente in noi. Venezia rappresenta per me il paradigma dell'isola: vive di una bellezza inquieta, è infinita, come mi disse in vaporetto un'insegnante in pensione, e ha questo rapporto assoluto e potente con l'acqua che domina tutto. È una città faticosa, va camminata, ti pone continuamente davanti a un limite, ma è piena di bellezza, la luce cambia spesso e i silenzi che offre sono preziosi. Italo Calvino ha scritto: Di una città non godi le sette o le settantasette meraviglie, ma la risposta che dà a una tua domanda. Ecco, Venezia è la mia risposta, è luogo dell'anima, di cicale d'estate, che ha odore di nebbia e alghe in inverno, sospesa, metafisica. Quando non ci sono, mi manca come mancherebbe una persona cara.

Come prepari le tue fotografie per una mostra?

Dipende dal progetto. Ultimamente lavoro con le immagini di archivio e quindi, insieme ai diversi curatori, abbiamo spesso optato per immagini stampate in piccolo formato, montate su passepartout, perché appunto lavorando con questo tipo di memorie veniva naturale predisporre una mostra che non avesse delle immagini troppo grandi. Sono scene che ricordano gli album di famiglia. Poi ci si lascia trasportare anche dal luogo in cui vengono installate.

Quali sono i tuoi maestri di riferimento e le tue principali fonti d'ispirazione?

Sono tantissimi e in vari ambiti. In fotografia, uno su tutti è Luigi Ghirri, su cui ho scritto la tesi magistrale sul paesaggio. E poi Guido Guidi, Diane Arbus, Paolo Ventura, che adoro. Ma anche creatori di mondi meravigliosi come Mimmo Jodice o il lavoro preziosissimo di Moira Ricci sulla perdita della madre, e ancora la luce e le piccole cose di Rinko Kawauchi, Man Ray, Duane Michals, Amy Friend, Joan Fontcuberta, in pittura i Preraffaelliti e Magritte, e poi gli autori legati alla filosofia della fotografia e i poeti: Mariangela Gualtieri, Franco Arminio. Tutto entra nelle immagini in un modo o nell'altro...

A quali progetti stai lavorando in questo momento?

Sto lavorando sull'archivio fotografico e sulle varie possibilità che questo offre. Lavorare sulle fotografie di altri, di un tempo lontanissimo da qui, mi affascina molto perché si basa sull'idea che la fotografia può essere attualizzata e trasformata. Ho in mente un altro lavoro sulla geografia di Venezia e sulle isole italiane, e uno sul passato dell'Alto Adige, ma è tutto ancora in divenire.

Cosa consiglieresti a chi volesse intraprendere la tua professione?

Di seguire il desiderio, di perseverare e continuare a studiare, di essere curiosi. Leggere e lasciarsi incuriosire da cose anche lontanissime dalla fotografia ma che sono proprio quelle da cui si trae suggestione per nuovi progetti.

CLAUDIACORRENT

Visitando il profilo Instagram, potrai scoprire le immagini del progetto Per te, per ricordarti spesso, un lavoro il cui titolo è ispirato da una frase trovata da Claudia Corrent sul retro di una vecchia foto. Questo progetto riflette sul legame tra fotografia e eventi autentici. Mescolando fotografie d'archivio per creare immagini che non hanno un vero e proprio passato, Claudia racconta storie completamente nuove. Per realizzare questo lavoro l'autrice ha utilizzato immagini appartenenti alla sua famiglia, destrutturandole e fondendole con paesaggi moderni e scenari inediti. Il risultato è un processo che avvicina passato e presente, costruendo nuovi ricordi.

Claudia Corrent è nata a Bolzano nel 1980, è fotografa freelance. Laureata in filosofia con una tesi sull'estetica del rapporto tra filosofia e fotografia di paesaggio. Ha collaborato con testate come La Repubblica, Der Spiegel, Courrier International e Die Zeit. Ha vinto premi come il Premio Artisti della Provincia Autonoma di Bolzano, il Premio Riaperture e il Capalbio Fotofestival nel 2019, e il concorso Debut a Vilnius nel 2018. Ha esposto in mostre personali e collettive a New York, San Francisco, Vilnius, Milano, Roma, Genova, Venezia.

www.claudiacorrent.carbonmade.com

Quello che I fotografi non dicono

DESIGNER D'IMMAGINI
Intervista a Sandra Bourhani

A differenza di molti fotografi, che dal reportage o dalla fotografia industriale approdano alla moda, il percorso di Sandra Bourhani non ha origine dalla fotografia, ma dal design e dall'architettura, campi d'interesse per i quali ha studiato e che professionalmente l'appagavano. Ma solo fin quando non ha incontrato la luce. La fotografia di moda è uno degli ambiti che da sempre esercita il maggior fascino tra gli aspiranti fotografi. Ma è anche uno dei generi fotografici più difficili poiché legato a un settore in continua evoluzione, nel quale le tendenze cambiano con l'alternarsi delle stagioni, influenzate da mondi diversi; dall'arte al cinema, dalla cronaca ai comportamenti sociali e via dicendo. Non è perciò facile per i fotografi stare al passo con i tempi reinventando il proprio stile ogni giorno, pur restando fedeli alla propria identità, la sola in grado di renderli riconoscibili e apprezzati in un mercato ampio, ma con regole rigidissime.

Sei un'affermata fotografa professionista, con uno studio avviato, in un ambito molto complesso come quello della moda. Quali sono state le tappe fondamentali che ti hanno portata a questo risultato?

Il mio percorso fotografico è stato molto particolare e in realtà è iniziato anche un po' per caso. Ho studiato design della moda e architettura d'interni, successivamente ho vinto una borsa di studio e sono partita per Milano per specializzarmi nel mondo del design della luce. Amavo l'architettura e l'illuminotecnica ma era un mondo in cui non mi sentivo completamente realizzata.

Iniziai a farmi delle domande su ciò che cercavo e capii che dovevo analizzare la luce anche in altri settori, oltre il design, come ad esempio quello della fotografia. Comprai la mia prima macchina fotografica e iniziai a fare pratica. Era il 2011 quando iniziai a lavorare come assistente fotografa per Gionata Xerra. Facevamo scatti soprattutto di architettura e design, un mondo molto tecnico ma allo stesso tempo affascinante in grado di farmi aprire gli occhi sull'importanza di dettagli e composizioni. Scattavamo per brand molto importanti, da Armani Casa a Bassetti.

Imparai a conoscere il set, l'importanza del team e anche a utilizzare le luci da studio creando le scenografie. Mi occupavo anche della parte grafica e questo è stato un ottimo modo per affinare le mie conoscenze sui software utili alla fotografia. Iniziai a prendere confidenza con lo studio e decisi di aprire uno spazio mio, o meglio un piccolo seminterrato in cui sperimentare anche la moda, genere del quale ero da sempre molto appassionata.

Fu così che iniziai a organizzare i primi shooting con le modelle. Capì che quello era il mio mondo perché quando scattavo era come se il tempo si fermasse. Questa passione mi ha sempre dato la forza di resistere alle porte chiuse in faccia e mi ha insegnato a non arrendermi mai.

Poco a poco imparai a rapportarmi con le agenzie e gli stylist, sino ad avere la soddisfazione di vedere le mie prime fotografie pubblicate su diversi magazine.

Dietro ogni fotografia c'è un lavoro che coinvolge più persone. Come nasce e si realizza un servizio di moda?

Tutto inizia con gli stylist. Dopo aver seguito attentamente le sfilate e studiato i trend di stagione, propongono ai caporedattori delle riviste i diversi temi da sviluppare. Si selezionano le proposte più interessanti e poi viene deciso insieme al direttore del giornale come dovrà svilupparsi il servizio e tutti i dettagli legati a location, mood, fotografo, make up artist e alla modella, scelta fra quelle più adatte per la storia. Una volta selezionato il team e tutti gli altri dettagli, si parte con gli scatti. Terminato lo shooting, viene fatto l'editing e mandata al giornale un'anteprima degli scatti selezionati per approvazione. Da qui parte il fotoritocco eseguito a volte da una persona esterna alla quale il fotografo indica le linee guida; altre volte è il fotografo stesso, come nel mio caso, che fa post-produzione.

Lavorare in sala di posa o all'aperto: quali sono le differenze e quale formula preferisci?

Dipende. Creativamente bisogna innanzitutto capire qual è il concept della storia che scatteremo, vedere quale delle due situazioni è più consona a ciò che vogliamo comunicare e raccontare. Tecnicamente entrambe hanno i loro pro e contro; per alcuni servizi sono più portata a scegliere lo studio e in altre occasioni invece a scattare in esterna.

Lo studio mi consente di controllare la luce e di non preoccuparmi del meteo, spesso nostro acerrimo nemico, degli orari - in inverno abbiamo a disposizione pochissima luce per gli scatti - e soprattutto della temperatura: le collezioni invernali sono scattate in estate e quelle estive in inverno, questo porta molto stress alle modelle e noi fotografi lo riscontriamo nelle loro performance. Ma l'esterna, per il mio modo di lavorare, dà sempre un valore aggiunto agli scatti. Vengo da un mondo di design e architettura quindi, chiaramente mi attraggono tantissimo le prospettive e le geometrie. L'architettura o i paesaggi aiutano l'interlocutore a entrare nella storia e a immergersi in quel luogo. Inoltre un punto fondamentale è la luce naturale. Scattare in esterna quando il meteo è dalla tua parte, ti permette senz'altro di dare un valore aggiunto alle immagini. L'effetto della luce naturale è molto avvolgente e dona agli scatti un risultato straordinario.

Sei esigente e professionale anche quando si tratta di fotografare la famiglia, per le vacanze e i compleanni?

Direi proprio di no. Mi fa piacere fare delle belle foto per la mia famiglia, ma da quando ho iniziato la mia carriera da fotografa di moda, ho smesso di portare con me la reflex. La fotografia è una passione ma soprattutto un lavoro e durante i momenti con la famiglia o i viaggi, preferisco vivere a pieno il mio tempo, senza filtri. Al massimo posso fare foto ricordo con gli occhi o con una vecchia Polaroid regalatami da mio papà.

Che cosa fa di una fotografia una buona fotografia?

I fattori sono molteplici; luce, composizione, momento giusto... Non bisogna puntare a una buona fotografia ma a una fotografia straordinaria. Quello che fa di una buona fotografia uno scatto straordinario è la capacità di raccontare e rivelare una storia, uno stato d'animo, un luogo e se stessi. Tutto allo stesso tempo.

Quali sono i tuoi fotografi che ami di più e perché?

Eugenio Recuenco e Tim Walker. Recuenco è un fotografo dotato di un'anima eclettica e controversa. Le sue composizioni sono perfette e precise, c'è sempre moltissima attenzione per i dettagli. Il suo stile cupo, ma allo stesso tempo ironico, racconta un mondo grottesco e teatrale. Un maestro della luce che dona ai suoi scatti un sapore cinematografico e pittorico. Seguo sempre il suo lavoro, mi dà spunti per nuove idee.

Tim Walker invece, parla di un mondo fiabesco, in ogni sua immagine c'è il racconto di una storia fantastica in cui sono evocati nuovi paesaggi onirici e fiabeschi. Osservare i suoi scatti è come entrare e perdersi in una nuova dimensione.

L'interesse verso la fotografia è cresciuto moltissimo con le nuove tecnologie. Tanti fotografi si propongono in vari settori. È cresciuta in maniera proporzionale anche la richiesta di immagini professionali da parte delle aziende o degli editori?

Sicuramente è cresciuta la richiesta ma è aumentato anche il numero di tanti nuovi 'fotografi' inesperti. Una buona fotografia non è solo legata all'attrezzatura di valore che si utilizza, tutti possono fare click ma pochi sono veri artisti. L'approccio alla fotografia è cambiato moltissimo. Mentre con la pellicola bisognava pensare e ogni scatto diventava un fattore economico, nell'era digitale si ha la possibilità di scattare a raffica e avere più chance di ottenere qualcosa di vendibile. Il punto è che per molti fotografi non è importante trasmettere un concetto con i propri scatti. Per quanto riguarda le aziende, ce ne sono sempre di più, ma non ci sono i giusti investimenti in comunicazione.

In un mondo così veloce in cui esiste un'enorme massa d'immagini, è necessario studiare una fotografia con un'idea forte che possa distinguersi nelle gallerie digitali e colpire per qualche secondo in più. Spesso si pensa, a mio avviso sbagliando, che risparmiando sul team si possa ottenere comunque un buon risultato. L'esito di una buona ricetta sta nella qualità degli ingredienti, che mescolati insieme possono dare un valore aggiunto e fare la differenza. Ma non è così.

Quello che I fotografi non dicono

SANDRABOURHANI

Visitando il profilo Instagram di Sandra Bourhani, scoprirai una fotografa di altissimo livello. La sua abilità nel gestire vari progetti, scegliere location suggestive, collaborare con altri professionisti e ottenere risultati apprezzati dal pubblico, la rende una figura di rilievo nel mondo della fotografia di moda. Le sue immagini si contraddistinguono per una forte capacità di narrazione visiva. Ogni progetto ha una storia e un contesto ben definiti. Questo aspetto narrativo aggiunge profondità e significato al suo lavoro, andando oltre la semplice estetica.

Sandra Bourhani è fotografa di moda e pubblicità, lavora in Italia e all'estero. Ha studiato Design della moda e Architettura, ma ha abbandonato la carriera da designer per dedicarsi alla fotografia. Collabora con riviste come Marie Claire, Vanity Fair, Vogue, Gioia ed Elle, e ha lavorato per diverse campagne pubblicitarie. Il suo lavoro ispirato all'architettura, al cinema e alla pittura, crea mondi geometricamente armonici e perfettamente dettagliati, con situazioni sospese nel tempo e toni malinconici.

www.sandrabourhani.com

MODERNITÀ CROMATICHE
Intervista a Julia Morozova

Come brevi racconti, le fotografie di Julia Morozova riflettono il suo mondo, le sue esperienze e la sua storia personale. Un'energia incessante le collega le une alle altre, dando corpo al desiderio dell'autrice di tradurre nella sua estetica tutto ciò che le accade intorno. L'interesse di Julia per le arti visive si manifesta sin dall'adolescenza, quando inizia a fotografare gli amici in occasione di feste e viaggi. All'epoca la fotografia era analogica, i social non esistevano e il mondo sembrava procedere più lentamente. Già allora Julia sperimentava anche l'immagine video, che si stava affermando pure nella sua veste amatoriale con l'avvento delle telecamere portatili VHS. La sua passione per la fotografia si è alimentata anche attraverso il cinema, grazie alla passione di Julia per quegli autori che più di altri mettono in scena atmosfere e immaginari a lei affini. I nomi dei suoi registi preferiti raccontano un po' di più della sua visione del mondo e delle ragioni di quel mistero che sa instillare nei suoi scatti: Bernardo Bertolucci, Sofia Coppola, David Lynch. Questi sono maestri per i quali la fotografia ha un ruolo preponderante nel racconto filmico. Si tratta di autori che hanno costruito un'estetica molto personale, capace di contraddistinguerli e divenuta un vero e proprio stile per le generazioni successive.

Nel 2012, Julia, nata in Russia ma residente in Italia da molti anni, decide di intraprendere la strada della fotografia professionale nell'ambito della moda, lasciando un lavoro d'ufficio che iniziava a starle stretto e che poco si confaceva a quella sua attitudine innata per l'arte e la fotografia. Da quel momento tutte le sue passioni e sperimentazioni sembrano giungere a maturazione, tramutandosi nel suo stile: semplice, efficace, riconoscibile. Le sue fotografie parlano il linguaggio dell'arte contemporanea e non stonerebbero affatto sulle pareti delle gallerie più in voga. È un cambio di passo che in lei avviene naturalmente e senza forzature.

Viene in mente un grande dipinto del pittore russo Wassily Kandinsky, intitolato La vita variopinta. Si tratta di un quadro, ancora figurativo, che il padre dell'astrattismo dipinge nel 1907; luminoso e variegato, illustra in chiave fiabesca quella Russia che un decennio più tardi la Rivoluzione avrebbe spazzato via. Ebbene, dentro quel dipinto vi sono già tutti gli ingredienti della pittura astratta che di lì a poco sarebbe traboccata come un fiume in piena dall'inventiva dell'artista. In qualche modo le fotografie di Julia Morozova, per quanto moderne e talvolta astratte, conservano colori e atmosfere della grande tradizione russa, portando con sé un ideale femminile molto forte, costituito da suggestioni che provengono dall'infanzia, dalle fiabe e dalle esperienze vissute, incluso il balletto che ha praticato in gioventù.

Julia, come stai vivendo questo momento?

Purtroppo a causa della pandemia di Covid-19 tanti miei lavori, già programmati da tempo, sono stati cancellati o posticipati, pertanto non sto lavorando su nulla di nuovo, vista la situazione, ma mi dedico allo studio e alla ricerca di nuove ispirazioni.

Costretti a casa, tutti passiamo più tempo online. È così anche per te?

Uso la rete principalmente per promuovermi. Mi piace condividere i miei lavori, pubblicando foto su Instagram. Penso che la maggior parte di noi segua determinati artisti perché trova affinità con la loro visione estetica, vi si riconosce. Così spero che chi mi segue su Instagram trovi qualcosa che lo ispiri, nel mio lavoro e nella mia esperienza. Ogni tanto cerco anche di contattare qualcuno attraverso i social per procurarmi nuovi incarichi, ma non sono bravissima in questo!

A tuo avviso ci sono anche aspetti negativi nell'utilizzo di questi mezzi?

Certo, i social in generale e Instagram in modo particolare creano una certa dipendenza, ed è facile cadere nella trappola di fare inutili paragoni tra il nostro lavoro e quello di altri fotografi. Ma se usato bene, un social può rivelarsi un ottimo strumento per farsi notare e per ottenere nuove commissioni: credo sia un'opportunità importante.

Anche i libri fotografici concorrono a questa funzione promozionale?

Sì, adesso i libri sono molto usati dai fotografi per pubblicare il proprio lavoro. Le foto stampate hanno un altro impatto rispetto a quelle visualizzate su un monitor, e alcuni volumi sono davvero belli! E poi un'opera editoriale può costituire un ottimo spunto per lavorare a un progetto più lungo e meditato.

Come nascono i tuoi progetti?

A volte nascono in un attimo. In quel momento sei molto ispirato e te li senti proprio! Però poi ho bisogno di tempo per trovare il giusto team - stylist, modella, make-up artist - e possono trascorrere anche settimane o mesi fra quando ho avuto l'idea e il momento dello shooting. Poi, purtroppo, ci sono anche progetti che vengono rinviati o addirittura abbandonati.

Ne hai molti che attendono il loro momento?

Mi piacerebbe poter viaggiare di più, andare a scattare in posti come l'Islanda o la California. Questi sono i progetti che presto o tardi avrò sicuramente modo di realizzare, mentre altri sono abbandonati definitivamente, perché sono cambiate le mie idee in proposito, ma anche il gusto comune.

Ti va di raccontare come avviene la realizzazione di un lavoro?

Parto da un'idea, poi mi confronto con il mio team e la approfondiamo insieme, cercando una location adatta e la modella che ci ispira! Prediligo la luce naturale e amo fotografare all'aperto, nella natura. Scatto in digitale prevalentemente con un obiettivo 50mm o un 24-70mm f/2,8. Di solito lavoro con modelle d'agenzia e prediligo i volti particolari e non del tutto perfetti.

Che rapporto hai con i modelli e le modelle?

Ho un buon rapporto professionale, ma naturalmente varia da persona a persona. Con qualcuno ci si lega di più e ci sentiamo anche dopo che un progetto è terminato. Con una modella in particolare abbiamo instaurato un'amicizia che dura ormai da anni.

Una tua riflessione sulla fotografia?

Penso che oggi la fotografia vada oltre la bella immagine, credo debba comunicare dei contenuti profondi. Infatti vediamo spesso che con le foto si esprimono anche problematiche sociali e proteste, tentando di aumentare la consapevolezza di quello che succede nel mondo, ponendo l'attenzione dei media e delle persone su ciò che è importante per noi, per le nostre idee, per cambiare ciò che non va.

Che cosa consigli a un appassionato di fotografia che volesse calcare le tue orme?

Non mollare mai. Fare tanto esercizio, fotografando ogni volta che se ne abbia il tempo. E ancora, non avere paura di chiedere consigli e cercare nuove e stimolanti collaborazioni. Certo, non arriverà tutto subito, ma la cosa più importante è cercare la propria voce, la propria cifra stilistica, lavorando tanto, facendo progetti personali e partecipando ai concorsi.

Quello che I fotografi non dicono

JULIAMOROZOVA_PHOTOGRAPHY

Visita il profilo Instagram di Julia Morozova. Le sue fotografie catturano un mondo di dettagli sofisticati e composizioni potenti. Nel suo scatto per Wonderland Magazine, High Life, le piccole volpi stampate sui pantaloni sembrano pronte ad aggredire un'ignara gallina, creando una scena vivida e intrigante. In Games with Fire per L'Officiel, il volto della modella è celato dal fuoco, aggiungendo un tocco di misticismo ed erotismo all'immagine. Ogni fotografia, come Faded Forests per Contributor Magazine o House Arrest per Rain Magazine, dimostra la sua abilità e la cura dei dettagli, per ottenere scatti originali. Altre opere come Noise of Others per Hunger Magazine e Pool Party per Book Moda, mostrano la sua competenza tecnica e il suo raffinato gusto estetico. Ocean Way 505 per PUSS PUSS Magazine ricorda un dipinto astratto.

Julia Morozova è una fotografa di origine russa ma vive e lavora da molti anni in Italia. Ha studiato lingue e psicologia e ha praticato la disciplina della danza. Dopo circa dieci anni di lavoro d'ufficio si è completamente dedicata alla fotografia, passione mai sopita. Ha lavorato per vari magazine internazionali come L'Officiel, Marie Claire, Vogue, Sunday Times, Puss Puss, Metal, Hunger, Wonderland e per grandi marchi quali Red Valentino, Viktor & Rolf, Stefanel e Furla.

www.juliamorozova.com

Quello che I fotografi non dicono

IMPREVEDIBILE E SPIAZZANTE
Intervista a Mattia Zoppellaro

Lo attrae tutto ciò che è diverso dal suo sentire ed esplora mondi e situazioni che stanno ai margini. "Il mio posto ideale è ciò che mi è estraneo!" afferma Mattia Zoppellaro, fotoreporter e ritrattista di eccezionale talento. Hanno posato per lui le maggiori star della musica e non solo. E pensare che tutto ha avuto inizio dal suo primo amore, il cinema. Negli anni Novanta ha documentato con i suoi reportage il fenomeno dei rave, partecipando a queste grandi feste non autorizzate in giro per l'Europa. Appassionato di musica, gli interessa suscitare domande piuttosto che dare risposte. Mattia Zoppellaro sta percorrendo una carriera professionale di primissimo piano ed è uno dei maggiori fotografi del settore musicale. Per le riviste Rolling Stone, Mojo, NME, Vanity Fair, Sunday Times Magazine, El Pais e molte altre, ha ritratto vere e proprie leggende viventi, da Patti Smith a Iggy Pop e Lou Reed, dal velocista giamaicano Usain Bolt al regista Wes Anderson, e persino Giulio Andreotti.

Sembra che tutti, ma proprio tutti, abbiano posato per lui che sognava di diventare regista. Ma la vita, si sa, percorre strade imprevedibili, e sono appunto alcune circostanze concomitanti che, dalla piccola Rovigo, cittadina dov'è nato, lo hanno condotto prima a Londra e poi a Milano, inseguendo la fotografia e il suo appetito di curiosità. Ora vive e lavora in queste due straordinarie metropoli dove la santificazione delle star e la capillare diffusione dei miti passano anche attraverso il suo obiettivo.

La ricetta Zoppellaro è semplice: il divo non si venera, ma va ricercato in lui ciò che vi è di più umano. Poi ci sono luce naturale e due obiettivi al massimo, anzi meglio uno soltanto. Ecco come si trasferisce in fotografia la natura delle stelle, inafferrabili e immaginifiche. Pur rigidamente commissionati, i suoi scatti manifestano un segno individuale e riconoscibile: guardandoli, abbiamo la sensazione che i suoi ritratti siano frutto di un incontro casuale e non previsto. Il soggetto sembra colto di sorpresa e potremmo addirittura pensare che si chieda il perché di quell'obiettivo che il fotografo gli punta contro. Sono visi immobili senza la minima intenzione di apparire atteggiati a una determinata espressione. I volti di Zoppellaro non si preoccupano di suscitare maggior interesse di quello che già, senza sforzi apparenti, destano nello spettatore. Sono presenze che bastano a se stesse, racchiuse in un cerchio di verità.

Che cosa si prova a fotografare una star?

Quando scatto non penso mai di avere di fronte una star. Cerco di familiarizzare e creare un terreno comune parlando del più e del meno. È assolutamente importante il dialogo poiché considero il ritratto il frutto di un incontro, ciò che scaturisce tra fotografo e soggetto.

Immagino non sia sempre facile. Ti capita di essere emozionato?

Sì certo, ricordo quando sono stato avvisato dell'incontro con Lou Reed. Il mio idolo! Un maestro di vita dal quale ho tratto molti insegnamenti. Forse più che da alcuni parenti e amici.

E come andò?

Abbiamo parlato di fotografia, sua grande passione. Di fotocamere e obiettivi. Lou era un entusiasta della tecnica e dell'attrezzatura, conosceva tutto. Era un vero nerd della fotografia.

Dal ritratto che gli hai scattato direi che andò ottimamente. Quindi è la fotografia il tuo cavallo di battaglia durante lo shooting?

No, uno degli argomenti ricorrenti è il calcio, quello mi salva sempre. Con John Lydon dei Sex Pistols, abbiamo parlato della squadra dell'Arsenal. Poi dipende dalle circostanze del momento. Con David Gilmour dei Pink Floyd abbiamo scattato a casa sua al mare e abbiamo parlato di spiagge, di Brighton, di Howth. Patti Smith ha capito che ero italiano dal mio accento e mi ha detto che Venezia è la sua città preferita. Con lei ho parlato delle chiese, dei campi, dei posti migliori dove andare a mangiare. La mia regola generale è non parlare mai del loro lavoro.

Fotografare volti arcinoti è più facile o difficile?

Da una parte hai un immaginario collettivo col quale confrontarti, dall'altra diventa più difficile essere originali e fare qualcosa di nuovo. Interpretare volti conosciuti a livello globale in maniera originale è la sfida principale del mio lavoro. Ad esempio, Keith Richards è spesso ritratto con la sigaretta in bocca ed è oramai un classico. Io cerco di allontanarmi il più possibile da queste tipologie.

Dalle tue immagini emerge una predilezione per alcuni obiettivi.

Come tu sai, il 50mm restituisce un'immagine molto vicina a quella percepita dai nostri occhi. Ecco, io il 50mm evito sempre di utilizzarlo poiché la mia visione vuol essere diversa da quella naturale. Mi piace il grandangolo, il 35mm, anche il 24mm, ma non oltre, per non entrare nel grottesco. Quando invece voglio mostrare l'anima della persona che ho di fronte, scelgo l'85mm che mi aiuta a focalizzare l'attenzione sul carattere del personaggio, sui suoi occhi. Anche lo sfocato subito dietro aiuta molto a isolare lo sguardo e a renderlo penetrante. Ora per motivi di schiena - l'osteopata mi ha ordinato di non portare pesi - ho fatto una grossa cernita del mio materiale. Porto con me soltanto il 35 e l'85mm. Questo far di necessità virtù mi ha permesso di rendere il mio stile più personale e riconoscibile.

Quindi hai bandito pesanti attrezzature e trolley pieni di luci?

Secondo me la luce migliore al mondo è quella del sole, infatti cerco sempre di muovermi in modo tale da poterla sfruttare al meglio e per quel che mi riguarda due obiettivi sono sufficienti per il lavoro che svolgo.

Sei tu a decidere le location dove lavorare?

È il loro management ad avere l'ultima parola. Capita che si debba necessariamente scattare in studio per scelta del loro ufficio stampa, ma capita anche che mi sia chiesto di avanzare le mie proposte e che si realizzi la mia idea.

Quindi lavori con luci naturali anche in studio?

In studio mi avvalgo di assistenti che mi supportano con le luci e sono sempre molto aggiornati, spesso ne sanno più di me. Io illustro ciò che voglio ottenere e loro mi aiutano in tutto il processo di realizzazione.

Vedo molte tue immagini di gruppi, come quelle fatte ai Depeche Mode. Il gruppo è più facile o difficile da fotografare?

Per ragioni estetiche è assolutamente più semplice fotografare la singola persona, è la cosa più normale in fondo. Molto più complicato è gestire la composizione di un gruppo. I quattro della band in fila davanti a un muro sono un cliché da evitare come la peste. Evito sempre le pose più banali e cerco di non sfociare mai nel caricaturale.

Usi indifferentemente il bianco e nero e i colori, come avviene la scelta?

Solitamente decido prima se lavorare con l'uno o con l'altro, anche se con l'avvento del digitale si scatta sempre a colori e poi si trasforma in bianco e nero. Diciamo che in generale decido molto prima, anche se una particolare atmosfera sul set può indurmi a cambiare idea, quando trovo i colori particolarmente interessanti. Per molto tempo ho lavorato esclusivamente in bianco e nero, soprattutto agli inizi della mia carriera.

Come hai iniziato?

Il mio primo amore è stato il cinema. Ho cominciato come assistente sul set di L'estate di Davide, un film di Carlo Mazzacurati. Era il 1996 e le mie mansioni erano molto banali. A Molfetta, dove ci eravamo recati per girare alcune scene, mi fu chiesto di tenere a bada dei bambini che si aggiravano attorno al set. Avevo con me la macchina fotografica e cominciai a scattare loro delle fotografie. La cosa funzionò, riuscii a coinvolgerli in una sorta di gioco. Tornato a Rovigo sviluppai il rullino bianco e nero e stampai nella camera oscura che avevo allestito in una stanza a casa di mia nonna. Le foto erano molto belle ed ero veramente contento del risultato.

Poi sono arrivati i reportage sui rave?

Certo, da lì è sbocciato il mio amore per la fotografia e nello stesso periodo frequentavo i rave sempre con la macchina fotografica al collo, caricata esclusivamente col bianco e nero. Fu proprio il protagonista del film di Mazzacurati, l'attore non professionista Stefano Campi, che una sera mi propose di recarci a Bologna a un rave. Io non sapevo neppure cosa fosse. Fatto sta che scattare in questi posti mi affascinò in modo incredibile, e quel reportage, che ho titolato Dirty Dancing e che ho realizzato in cinque o sei anni in giro per l'Europa, è ancora uno dei miei lavori più riusciti.

Quindi, devi tutto al cinema?

Assolutamente. Per molti anni non potevo fare a meno di guardare più di un film al giorno e anche se ora sono passato alle serie TV, continuo a sentire la necessità di sfamare il mio desiderio di narrazione e di immagini.

È a Londra che arriva la svolta professionale.

Mi trovavo a Londra per realizzare un lavoro commissionato da Fabrica e lì ho mostrato il portfolio con tutti i miei lavori alle riviste musicali che mi interessavano maggiormente, altra mia grande passione, da Rolling Stone a Classic Rock. Sono piaciuto e sono arrivati i primi lavori su commissione. Sono rimasto a Londra per una settimana, poi due, finché mi sono ritrovato a viverci.

Il link con la musica lo avevi sin da giovanissimo?

Sì, ho sempre frequentato amici che suonavano in una band, ma la mia individualità mi ha spinto più verso le arti visive che quelle musicali.

Ora fotografi solo le star?

Assolutamente no, quello che mi interessa veramente sono le persone, chiunque siano, purché abbiano qualcosa d'importante da dire attraverso la propria personalità e il mondo esterno, la miglior ambientazione dove fare fotografie.

L'incontro con Lou Reed

Per il periodico statunitense Rolling Stone, a commento della sessione con Lou Reed, Zoppellaro scrive:

Quando Roberta Reineke (la photo editor di RS) mi chiese di fotografare la persona che da sola ha maggiormente influenzato il mio percorso musicale (e non solo), per la cover story del numero di marzo (in cui cadeva il suo 70esimo compleanno), provai un'euforia quasi chimica. Questa sensazione venne immediatamente interrotta da un terrore paranoico post rave party...

Dopotutto il principe delle tenebre di Manhattan era una delle persone più temute nel mondo dello show business, colui che una volta disse a un giornalista scandinavo "You are the lowest form of life" (Sei la peggiore forma di vita). Non aiutò la lettura delle richieste (su diverse pagine) del suo P.R. newyorkese su come far sentire a proprio agio la rockstar da lui rappresentata... Il giorno dello shooting New York era alle prese con uno di quei famosi freddi che ti tagliano la pelle.

All'interno dei Jack Studios (dove avremmo scattato) l'atmosfera era ancora più gelida. Appena arrivato, il suo manager si presentò, stritolandomi calorosamente la mano, e mi chiese cortesemente di non nominare Andy Warhol, i Velvet Underground e sostanzialmente di astenermi dal parlare di musica con Lou... andai in totale crisi endorfinica.

Enters my man, indossando l'immancabile giubbotto di pelle nera, si avvicina, fissandomi con quegli occhi che han visto cose che noi umani possiamo soltanto immaginare... Alza l'indice della mano destra fino quasi a toccarmi il naso, accompagnando il movimento con la sua memorabile voce tra il miele e la carta vetrata:

"I've been told you are a fucking Italian" un silenzio dalla durata indefinibile... "So tell me about this motherfucker Captain Schettino".

Caro Lou, tu sei sempre stato il mio Voltron della musica... con la testa di un Dylan, il cuore di un Elvis, le palle di un Miles Davis e il fegato di un Vasco.

Quello che I fotografi non dicono

MATTIAZOPPELLARO

Le fotografie realizzate da questo talentuoso autore catturano la vera essenza dei soggetti. Alessandro Gassman, con una smorfia autoironica in stile James Dean e un fiammifero tra le labbra, viene immortalato a Roma nel 2016. mentre il campione paralimpico Alex Zanardi viene colto in un istante di euforia all'autodromo per Sportweek. Altri scatti includono il ritratto di Gregorio Paltrinieri, campione del mondo, a Ostia per Style, e lo sguardo concentrato del regista Wes Anderson a Londra per IL. Non mancano immagini della camaleontica Lily Allen con un'acconciatura a caschetto per Vanity Fair e del velocista Usain Bolt, ritratto a Roma nel 2013. Vi sono inoltre i ritratti di Lou Reed a New York City nel 2012, il leader dei Blur Damon Albarn a Londra per Rolling Stone e la campionessa olimpica Tina Maze a Gorizia per Sportweek. Per esplorare queste e altre fotografie straordinarie, visitate il profilo Instagram dell'autore.

Mattia Zoppellaro è nato a Rovigo nel 1977, vive e lavora tra Milano e Londra. Ha studiato fotografia allo IED di Milano e al dipartimento di fotografia di Fabrica, centro di ricerca sulla comunicazione fondato da Oliviero Toscani. Fotografo di reportage, collabora con riviste musicali in Italia e all'estero e realizza servizi fotografici per moda e pubblicità. È rappresentato in Italia dall'agenzia Contrasto.

www.mattia-z.com

Quello che I fotografi non dicono

IL COLLAUDATORE DI ATTIMI
Intervista a Settimio Benedusi

Gli piace definirsi collaudatore di attimi: è Settimio Benedusi, un alternativo, eclettico e fantasioso professionista della fotografia italiana. Formatosi nella Milano da bere degli anni Ottanta, oggi ha spostato la sua ricerca verso la semplicità. Che a scattare sia una Rolleiflex o uno smartphone poco importa; ciò che conta è mostrare la verità. In trent'anni di carriera, Settimio Benedusi ha lavorato per i maggiori nomi della moda internazionale e per i più importanti marchi dell'industria italiana. Ha pubblicato le sue fotografie su autorevoli riviste italiane e straniere. Benedusi è incredibilmente eclettico, nato con la fotografia nel sangue. Sa passare da un genere all'altro con la medesima competenza e originalità. Da un redazionale di moda, alla pubblicità, al ritratto, ha immortalato la storia nei volti dei suoi protagonisti, da Giorgio Armani a Giovanni Soldini, da Richard Branson a Giorgio Armani. Ma non sono solo queste le ragioni di tanta notorietà. Oltre che con le immagini, Benedusi ha dimostrato di saper comunicare attraverso la parola, scritta e non solo.

Social media, interviste radiofoniche, quotidiani, workshop e conferenze sono i canali attraverso i quali Benedusi ha raggiunto un pubblico vasto ed eterogeneo. Dichiarando con coraggio le proprie convinzioni e le proprie idee, ha trasformato a suo modo il mestiere del fotografo, stabilendo un punto di partenza che includesse la responsabilità culturale dell'autore di diffondere i principi fondamentali non di un semplice mestiere, ma di una delle maggiori arti visive del nostro tempo.

Nel tuo sito si leggono due biografie. Qual è quella vera?

Mi sono divertito a pubblicare due diverse biografie che mi descrivono in modo opposto. Una aulica, l'altra faceta, un poco denigratoria. Penso siano vere e giuste ambedue poiché questa dualità è presente nel mio carattere. In tutti noi convive un certo dualismo e in questo senso mi sento profondamente del segno dei gemelli.

Questo dualismo ha a che fare con la fotografia?

Certo, la fotografia ha in sé due opposti. Ha la capacità di fermare il tempo e di rendere eterno il soggetto. Quando mi chiedono un ritratto infatti mi dicono: Puoi immortalarmi? Ma, allo stesso tempo, proprio perché blocca e immortala il soggetto, la fotografia lo uccide fermando il suo tempo per sempre. Vita eterna, ma anche eterna morte. Un dualismo che nessuno potrà mai risolvere.

Sei attivo nei social con un blog e scrivi per il sito del Corriere della Sera. Quali sono gli argomenti trattati?

Condivido le mie idee in merito alla buona fotografia. Mi sforzo affinché diventi opinione comune che la fotografia è cultura e come tale va coltivata e fatta crescere, concimata da buone letture, con visite alle mostre, guardando libri di fotografia così come buoni film. Temo però che le mie parole si perdano nella giungla digitale e che pochi prestino loro vera attenzione.

Invece pare che tu sia molto seguito. Perché questo sconforto?

La fotografia sta vivendo un momento di spaventosa diffusione a opera degli smartphone e dei social. È un linguaggio usato da tutti ed è meraviglioso, come diceva il mio amico Giovanni Gastel, perché finalmente tutti si esprimono attraverso la fotografia con la stessa spontaneità della parola. In verità temo che la maggioranza delle persone conosca a malapena due o tre lettere di questo alfabeto e abbia la presunzione di scrivere interi romanzi. In passato, superato il diffuso analfabetismo, tutti abbiamo imparato a scrivere, questo però non ci ha resi tutti poeti, scrittori e giornalisti...

Certamente no. Specie se pensiamo alle tante, troppe immagini che girano nel web.

Dico spesso che se dovesse mai succedere fra duemila anni, così come è accaduto per Pompei, che per qualche oscura ragione la nostra civiltà diventasse oggetto di ricerca archeologica, i nostri discendenti nell'analizzare le memorie digitali e i residui tecnologici della nostra epoca, diranno "come erano strani quelli del 2016, l'unica cosa che hanno lasciato sono foto di tramonti, di gattini e di pizze!" E forse cercheranno di capire di quale grave malattia siamo stati vittime.

Quindi vedi la fotografia contemporanea molto in crisi da un punto di vista qualitativo?

Dico solo che i fotografi professionisti, quelli che pubblicano sulle riviste, tutti coloro che creano immagini straordinarie, magari anche se poco noti, producono una percentuale infinitesimale delle fotografie che oggi vengono diffuse nel mondo. E quanti sono i ragazzi che vanno in edicola a comprare riviste o sfogliano libri? Pochissimi. La maggior parte va sui social a vedere le foto di gatti, pizze e tramonti e questo è ciò che consegneremo alla storia. Non certo lo stile elegante degli abitanti di Pompei. D'altro canto questo emerge anche alle fiere d'arte contemporanea dove a essere proposte dai galleristi sono in massima parte fotografie degli anni Cinquanta di Mario Giacomelli, Ugo Mulas, Gianni Berengo Gardin, con poche eccezioni di contemporanei, come Maurizio Galimberti o Massimo Vitali.

La tua ricetta per invertire questa tendenza che spinge la qualità verso il basso?

Visto che mi chiedi una ricetta ti faccio un banale esempio culinario. Per fare una torta non è sufficiente aprire il frigo e mescolare qualche ingrediente alla rinfusa sperando che il risultato sia entusiasmante. Per fare una buona torta è necessario seguire una ricetta, leggere libri di cucina, fare dei corsi e soprattutto assaggiare torte di comprovata qualità. Se è necessario, andare anche a Vienna per assaggiare la Sacher. Tutto questo vale anche per la fotografia.

Quindi lo studio non è solo necessario ma fondamentale.

Quando mi viene sottoposto qualche portfolio, inevitabilmente faccio dei riferimenti citando i grandi maestri del passato. Mi accorgo però che tra i giovani in pochi conoscono Ugo Mulas, Richard Avedon o Diane Arbus. Non si può pensare di fare il fotografo senza conoscere i fotografi più grandi al mondo, senza visitarne le mostre, senza possedere libri di fotografia. È impossibile! Tutti i fotografi possiedono centinaia di libri proprio perché la fotografia va vista, letta, studiata. È fondamentale sapere cosa hanno fatto gli altri prima di noi, è da lì che bisogna partire. Non posso utilizzare un fondo bianco ignorando che lo ha già fatto Avedon, probabilmente non sarà possibile fare di meglio, ma perlomeno dovrò fare qualcosa di equivalente affinché il mio stile progredisca.

Dopo averci detto cosa c'è dietro una fotografia ben riuscita, spiegaci come nascono le tue immagini.

Io sono molto progettuale e meditativo. Prima di realizzare una fotografia la scrivo, la disegno. Cerco di organizzare le idee prima di realizzare i set. Il clic della macchina fotografica è solo l'ultimo anello di una catena che parte da molto lontano. Quello che conta è il percorso. A tal proposito, quando mostro le mie fotografie e qualcuno mi chiede il tempo d'esposizione piuttosto che il diaframma utilizzato, io rispondo ironicamente dicendo: "Ho realizzato questa immagine a un duecentocinquantesimo di secondo più trent'anni", per evidenziare quanto la preparazione tecnica, l'esperienza e la cultura siano ciò che dà spessore e valore a una fotografia.

Utilizzi questa stessa metodologia nella ricerca personale e per servizi di moda su commissione?

Sì, la progettualità è la medesima. Quando i clienti mi chiedono di raccontare una certa storia, io mi metto lì e penso. Questa è la parte più importante di un servizio fotografico, il clic poi lo può fare anche un altro. Quello che mi interessa è fare le scelte giuste, scavando e andando in fondo alle questioni.

Quali tecniche utilizzi per realizzare i progetti?

In tanti anni ho avuto la possibilità di lavorare con qualsiasi apparecchio fotografico, dal banco ottico 20x25 all'iPhone con il quale ho realizzato servizi di moda pubblicati poi su riviste importanti del settore. Ho sperimentato molte tecniche di illuminazione, lavorato in esterno e in studio con luce flash e con la luce continua degli illuminatori Arri. Ma non c'è in verità qualcosa che prediligo. Cerco sempre di utilizzare mezzi tecnici adeguati all'idea che ho in testa. Mi piace sempre più fare cose semplici. Trovo che un difetto della fotografia contemporanea sia l'uso eccessivo del computer. Spesso le immagini che vediamo sui giornali non sono più fotografie ma disegni fatti con i pixel.

Quindi è la semplicità il tuo filo conduttore?

Ultimamente ho realizzato un servizio di moda per la rivista Lampoon con la Rolleiflex di mio papà e con pellicole in bianco e nero scadute da dieci anni. Mi è piaciuto ritornare a cose lontane. Prediligo immagini il più possibile vere. Per la mia mostra allo spazio Leica di Milano ho portato un lavoro sulla mia famiglia. Mio papà è mancato da ormai otto anni e, una mattina, prima di andare a far visita alla sua tomba, mi sono ritratto insieme a mia madre, entrambi in mutande: spogliati di tutto di fronte alle cose vere della vita. Credo che la verità sia la cosa più profonda e autentica, la qualità più importante per chiunque intenda esprimere se stesso. Essere vero e sincero può essere anche doloroso. È un percorso non facile ma che a mio avviso va fatto.

SETTIMIO_BENEDUSI

Il lavoro di Benedusi si distingue per la varietà e profondità delle sue immagini. Dalla ricerca di un effetto cinematografico in uno shooting per un'azienda di jeans, ai ritratti per la rivista Max, ogni scatto racconta una storia. Le sue fotografie pubblicitarie, come quelle realizzate a Cape Town o l'incredibile scatto subacqueo per il calendario Palagini, mostrano la sua abilità nel creare immagini potenti e evocative. La serie No Twins, con il suo erotismo e mistero, presenta eleganti immagini realizzate all'interno di una villa Liberty. Benedusi esplora anche temi personali, come nell'autoritratto con sua madre esposto allo spazio Leica di Milano, mostrando un'intimità rara e toccante. Per scoprire di più, visitata il suo profilo su Instagram.

Settimio Benedusi è fotografo professionista a Milano, è stato l'unico italiano a lavorare per sette anni per l'edizione internazionale di Sports Illustrated. Benedusi usa la macchina fotografica, a volte anche uno smartphone, per raccontare storie, tra cui quelle per il Corriere della Sera, che gli dedica una pagina a Natale e Ferragosto per i suoi progetti. Iscritto all'ordine dei giornalisti dal 2000, insegna in vari workshop e allo IED di Milano. Ha partecipato a numerose mostre in Italia e all'estero. Dal 2003 aggiorna costantemente il suo blog.

www.settimiobenedusi.com.

Quello che I fotografi non dicono

ESPERIENZE IMMATERIALI
Intervista a Monica Silva

Per Monica Silva, la fotografia è una connessione immateriale tra individui, un'esperienza magica capace di influenzare le persone che vi entrano in contatto e che continua anche quando queste si sono fisicamente allontanate. Testimonial per i più affermati brand della fotografia, vanta collaborazioni con Hasselblad, Nikon, Canon e Manfrotto.

Personaggio di spicco nel mondo del professionismo fotografico, Monica Silva ha il suo studio a Milano, città nella quale vive da quasi trent'anni. Nata in Brasile e cresciuta a San Paolo, discende dalla tribù indigena dei Tupi Guarani, un'etnia della quale resta oggi una piccola minoranza che custodisce e tramanda gli antichi saperi. Davanti al suo obiettivo hanno posato tantissime celebrità internazionali come Colin Firth, Vincent Cassel, Natalie Portman, Michael Fassbender e Brad Pitt. Monica Silva affronta i diversi generi fotografici con professionalità e competenza, quasi fossero sfide personali da dover superare. Le sue carte vincenti sono la creatività e la fantasia, applicate con rapida inventiva senza perdersi d'animo, tramutando la necessità in virtù. In questa intervista emerge il carattere solare e propositivo di chi interpreta la fotografia non come una semplice professione, ma come un'arte privilegiata in grado di lenire il dolore e creare forti e intime relazioni.

In apertura del tuo sito web c'è la fotografia My Hidden Ego, un ritratto della modella russa Anna K. Perché proprio questa immagine?

Si tratta di uno scatto realizzato durante i miei workshop

internazionali. Ero a Tokyo per conto di Hasselblad, che mi chiese di fare un seminario sulla psicologia nel ritratto. Doveva essere una cosa molto contenuta e invece si sono iscritti in tantissimi, e ho dovuto dividere i partecipanti in due sessioni: mattina e pomeriggio. In mattinata ho svolto uno shooting dedicato al beauty e nel pomeriggio una sessione fashion. Per mostrare ai partecipanti del secondo incontro gli scatti della mattina, avevo fatto stampare alcune immagini, tra cui un ritratto della modella senza trucco. Così, senza pensarci troppo, ho strappato la foto davanti a tutti e chiesto alla modella di coprire con questa metà del suo viso. Stupefatta, lei ha eseguito la mia richiesta e immediatamente dietro di me si è alzato un coro di 'oooh'. I giapponesi erano strabiliati! È nato così lo scatto più conosciuto del mio repertorio.

Come spiegheresti ai lettori gli ingredienti di questo scatto?

Tutti noi durante il corso della vita portiamo delle maschere e pochi si sforzano di vedere realmente chi siamo. Credo sia una foto che ben rappresenta il concetto di psicologia del ritratto. Senza dubbio è l'esempio di come tradurre in fotografia un'ispirazione nata da un'occasione fortuita. Potrei scrivere dei libri sulle storie straordinarie che accadono nei miei set. Sempre riguardo a questa fotografia, quando mi chiesero come doveva vestire la modella per la sessione del pomeriggio, senza esitare ho detto che la volevo un po' come La sposa cadavere, il film del regista Tim Burton. Lei, emozionatissima, esordì dicendomi che ero stata magica perché desiderava da tutta la vita interpretare quel personaggio! La fotografia per me è questo: una connessione universale che va ben oltre le parole e i fatti. Ti arriva questa magia e non la puoi ignorare. È una connessione di pensieri ed energie.

Parlaci del ritratto a Gregorio Gitti, quello con il sigaro fumante.

Fa parte di un editoriale per Style del Corriere della Sera. Gitti è un politico e un avvocato. Lo scatto appartiene a una serie che sto svolgendo da un po' di tempo e che chiamo Smoking Shots. Si tratta di una mia fobia verso le sigarette che ho deciso di sconfiggere con la fototerapia, una branca della psicologia clinica che, attraverso la fotografia, si prefigge di trattare i soggetti disturbati. Da bambina, tra le violenze che ho subito, c'è stato anche chi ha spento sigarette sulla mia pelle. Per anni ho vissuto quel trauma ogni volta che qualcuno vicino a me accendeva una sigaretta. La fotografia ha questa potenza, creare forza e consapevolezza del tuo io, rendendoti così forte da sconfiggere i tuoi incubi e avere un migliore rapporto con le persone. Ogni scatto della serie Smoking Shots è caratterizzato da questo fumo denso, quasi materico. È il mio modo per guardare in faccia il mio trauma e sconfiggerlo.

Nella fotografia Swimming Away metti in scena colori esplosivi, ma anche un ideale classico di compostezza che ti contraddistingue.

Lo scatto proviene da un workshop sulla tecnica d'illuminazione organizzato da Nikon. Venivo da un periodo di lavoro intenso e non avevo avuto il tempo di scegliere i modelli. Mi sono ritrovata questa ragazza che era esattamente l'opposto di ciò che avrei scelto. Ma la professionalità sta anche in questo: mai andare nel panico davanti a situazioni difficili. Anziché falsare le sue forme giunoniche, le ho esasperate, trasformandola in un soggetto alla Fellini. Uno scatto che mi rappresenta molto perché il colore per me è fondamentale anche per una questione terapeutica. Ho letto libri e libri sui colori e sulla loro potenza.

Pensi sia più difficile realizzare uno scatto a colori rispetto a uno in bianco e nero?

Uno scatto a colori è molto più difficile da far piacere perché, se sbagli le combinazioni, sei fregato! Tecnicamente può essere perfetto, ma la mente vede il colore in modo tutto suo e se non vi è armonia il risultato sarà scadente. Se sbagli il colore degli abiti del soggetto o del set, puoi sempre salvare il lavoro convertendolo in bianco e nero. Ecco perché dico spesso che il bianco e nero è ruffiano, perché quasi qualunque scatto in questa tecnica tende a piacere, anche se non è perfetto.

Forse perché ci ricorda gli album di famiglia o le grandi immagini del passato.

Nel ritratto di Gillo Dorfles, l'equilibrio è straordinario. I colori, le pose, tutto sembra raccontare il mistero e la magia dell'arte contemporanea e come questa provoca reazioni diverse in ognuno di noi.

L'arte contemporanea è una miscela di vita dell'artista. Spesso la gente che non ha cultura e voglia di approfondire si scaglia in malo modo contro alcuni artisti che non comprende. Credo che tutto ciò che noi realizziamo costituisca un archivio storico della nostra vita su questa terra. Ognuno dovrebbe trovare il proprio modo di esprimersi e lasciarsi andare per creare qualcosa di unico e personale. Uscire dall'ordinario spesso spaventa il pubblico, poiché consci o no, tutti temono il cambiamento. Ciò premesso, sono molto legata a questo scatto di Gillo, per me era un pozzo di sapienza e passavo ore ad ascoltarlo. Questa fotografia è frutto della connessione universale della quale parlo spesso.

In che modo?

Ero inviata del Corriere della Sera per coprire la Biennale d'Arte e seguire Gillo Dorfles nella visita per fare il suo articolo. Lui era come una rockstar e ovunque andavamo aveva sempre gente intorno. Non riuscivo mai ad averlo da solo per un ritratto mentre prendeva appunti davanti alle opere che a lui interessavano. A un certo punto del tour, ci ritroviamo dentro una sala dedicata a Luigi Ghirri. Una donna si posiziona in un angolo e io mi preparo per fotografarla di spalle, pensando tra me e me: che bello sarebbe se ora Gillo entrasse in campo per lo scatto dei miei sogni... In quell'esatto momento lui entra da solo nell'inquadratura. Ho avuto giusto il tempo di aggiustare il fuoco e scattare, e lui se n'era già andato. È stata una combinazione divina, quella magia che desideri e che accade per davvero. Inoltre questo scatto è stato premiato come la miglior foto della Biennale del 2011: se non è magia questa!

Moda, ritratto, pubblicità, ricerca personale: ti cimenti in modo eclettico e con risultati eccellenti in molti ambiti della fotografia.

La professione talvolta ti mette davanti a dei lavori che non ti sono congeniali. Quando ho capito questo, ho creato un mio mondo per affrontarli. Ho deciso che avrei sempre realizzato lo scatto che sarebbe piaciuto a me. A me soltanto. Ho pensato a lungo e ho capito che tutto stava nella mia esperienza personale, nella mia creatività. Leggere libri, viaggiare, parlare varie lingue, essere straniera in una terra lontana, lavorare in vari mestieri mi ha fatto capire che avrei dovuto utilizzare tutto questo per aiutarmi a creare qualcosa di speciale, che mi rappresentasse. Spesso uno guarda lontano per cercare ispirazione quando tutto ciò che dovrebbe fare è guardarsi dentro per tirar fuori tutte le varie esperienze che ci rendono unici, poiché ogni persona è unica.

Quindi bisogna sperimentare per ottenere buone fotografie?

I grandi del passato ce lo insegnano: Nadar, Man Ray, Nino Migliori, Francesca Woodman, Gregory Crewdson, Claude Cahun, Melvin Sokolsky, e la lista è infinita. Noi tutti nasciamo con un volto, ma morireremo con un'altra faccia. Penso che anche la nostra fotografia non debba stagnare, ma sperimentare nuove visioni. Sperimentare ci rende vivi e ci spinge ogni volta a fare meglio. Personalmente mi cimento in ogni settore della fotografia anche perché altrimenti mi annoierei a fare sempre la stessa cosa.

Quali sono state le tappe fondamentali della tua carriera professionale?

Ho intrapreso la fotografia professionale quando è cominciata la crisi nel settore delle produzioni cinematografiche. All'epoca ero aiuto regista di grandi nomi del cinema e davanti alla mancanza di lavoro mi sono ricordata che la fotografia era nel mio sangue e così mi sono preparata un book e ho bussato alle porte della grande editoria a Milano, finché mi hanno preso per del reportage all'estero, dando avvio alla mia carriera attuale. Sono fotografa autodidatta. Sin da subito ho usato la macchina fotografica per riprendere le persone. Quando si è presentato il momento ho voluto approfondire il più possibile la luce, la tecnica e i grandi maestri. Ecco come sono diventata la professionista di oggi. Con ciò non sto dicendo che uno non deve studiare, anzi, se non frequenti il mondo accademico devi faticare di più per dimostrare che vali e che sei degno di fare il mestiere di fotografo.

Prossimi progetti?

Insieme a una collega, Viola Cadice, che lavora nella fotografia terapeutica con alcuni psicologi, stiamo aprendo un centro di fotografia molto innovativo a Brera. Si chiamerà Rear Mirror, nome inglese che richiama la tecnica del flash sulla seconda tendina, ma in questo caso è inteso come lo specchio dell'io, quello che tendiamo a tenere sotto chiave. Daremo spazio alle menti creative, per mostre, presentazioni, workshop, fuori dal solito giro del club dei fotografi e curatori che urlano e credono di conoscere la verità assoluta in questo campo. La fotografia è così fondamentale nella vita dell'uomo che non può essere utilizzata per il proprio ego ma deve essere utile per aiutare le persone ed è ciò che faremo con scambi internazionali, portando in Italia fotografi degni di questo nome e dando spazio ai nostri fuori dall'Italia.

Quello che I fotografi non dicono

MONICASILVAPHOTOGRAPHER

Ammira l'equilibrio di colore, i forti contrasti e la maestria che caratterizzano il lavoro di Monica Silva visitando il suo profilo Instagram. Dai ritratti intensi della modella Anna K. in My Hidden Ego, Tokyo 2013 e dell'artista Gillo Dorfles, premiato alla Biennale di Venezia, alle immagini audaci come Flying Away, 2012 e Banana Golden Pop Art, 2014, tributo all'estetica Pop e a Andy Warhol. Le sue abilità tecniche sono evidenti nei workshop organizzati da Nikon Italia e negli editoriali per riviste prestigiose come Rolling Stone e Style del Corriere della Sera.

Monica Silva è nata a San Paolo, Brasile, si trasferisce a Londra nel 1986 per studiare e due anni dopo si stabilisce in Italia. La fotografia diventa la sua professione, dapprima nella pubblicità e poi nel cinema e nell'arte contemporanea. Specializzata nella ritrattistica, è nota per cogliere elementi della psicologia e del carattere dei soggetti ritratti. Collabora con importanti editori e riviste di moda ed è coinvolta in numerosi laboratori tematici. Ha partecipato a mostre come Life Above All (Milano, 2008), Beautiful China (Milano, 2013) e a varie edizioni del MIA Photo Fair. È Ambassador per Manfrotto e Nikon Italia, e ha lavorato per marchi come Enel, Sony Music e Procter & Gamble.

www.msilva.photography

Quello che I fotografi non dicono

TUTTO IN ORDINE
Intervista a Maria Svarbova

Maria Svarbova è una giovane fotografa slovacca che ha conquistato la scena internazionale grazie al suo stile unico e alla sua attenzione meticolosa ai dettagli e ai colori. Vincitrice di numerosi premi, tra cui l'International Photography Awards nel 2016, ha esposto le sue opere in città come Parigi, Melbourne, Miami, Londra e Praga, oltre che in Italia a Bologna e Catania. Con le sue immagini costruite, Maria riesce a creare un mondo sospeso nel tempo, dove ogni dettaglio è studiato e nulla è lasciato al caso. Di seguito, un'intervista in cui ci racconta del suo percorso artistico e del suo processo creativo.

Dopo gli studi in conservazione e restauro, hai deciso di dedicarti completamente alla fotografia. Com'è iniziata questa passione?

Mi sono avvicinata alla fotografia nel 2010 quando ricevetti in dono una reflex digitale, senza sapere che me ne sarei innamorata così tanto. Proprio per il fatto di essere un'autodidatta, preferisco definirmi visual artist, piuttosto che fotografa.

Non avendo mai letto un manuale di fotografia, come hai sviluppato il tuo stile unico?

L'arte è sempre stata al centro dei miei interessi, e per qualche tempo mi sono interessata anche alla pittura realizzando alcuni quadri. Nei miei scatti ci sono molte suggestioni attinte non solo dalla pittura, ma dall'arte in senso più ampio, dalla letteratura al cinema.

Parlando dei tuoi lavori, qual è il metodo che applichi nella creazione delle tue immagini?

Di solito lavoro contemporaneamente a diversi progetti, ma a volte mi occorrono anche due o tre settimane per terminare un'immagine. L'archeologia impone un'autodisciplina molto meticolosa e nessun dettaglio deve sfuggire all'attenzione. Importanza fondamentale per la comprensione di un sito archeologico è assunta dalla stratigrafia, metodo che applico nei miei progetti per portare all'attenzione ciò che sta sotto la superficie.

Le tue immagini sembrano spesso lontane dalla realtà quotidiana. Come riesci a ottenere questo effetto?

Dalla location alla scelta dei modelli, dalla luce all'abbigliamento, niente è lasciato al caso. Le mie immagini sono frutto di un'autentica costruzione; personaggi e scene predisposti per essere fotografati e che nulla hanno a che vedere con situazioni del mondo reale. Elaborata l'immagine nella mia mente, la metto in scena, anche attraverso l'abile lavoro di postproduzione, avviluppando i miei soggetti in un alone etereo e spirituale.

Qual è il tuo processo creativo?

Il mio lavoro parte sempre dalla ricerca di un luogo: l'ambulatorio di un dentista, la sala d'attesa di un ufficio pubblico, un teatro, le scale di un vecchio palazzo e, per Swimming Pool, di una piscina pubblica. Tutto è cominciato nel 2014 a Bratislava, quando mi sono imbattuta in una di queste piscine costruite circa ottant'anni fa nel periodo socialista, un'epoca nella quale lo sport era più un obbligo sociale che uno svago.

Qual è l'importanza della figura umana nelle tue composizioni?

Inserire presenze umane mi affascina, lo spazio non ha senso senza l'uomo. Lo stesso vale anche al contrario. Gli esseri umani non avrebbero alcun significato senza spazio.

Le tue immagini sembrano raccontare una storia sospesa nel tempo. Come riesci a ottenere questo risultato?

Le mie immagini sono elaborate in ogni dettaglio dopo lunghe riflessioni. L'istante fotografico non è tanto quello del presente, del documento, della registrazione di un evento, ma l'apertura di un varco, di una spaziatura che dilata il tempo e apre l'opera all'immaginario. Un tempo che è servito per pensare e trovare l'inquadratura, per attendere l'ora giusta, per esporre e infine per lavorare i file.

Quali sono i tuoi progetti futuri?

Continuare a esplorare e a creare nuove serie fotografiche, sempre con l'attenzione ai dettagli e alla composizione che mi contraddistinguono. Ogni nuovo progetto è un'opportunità per sperimentare e per crescere artisticamente.

MARIA.SVARBOVA

Le serie fotografiche di Maria Svarbova, realizzate all'interno di piscine costruite durante il periodo socialista in Slovacchia, armonizzano gli esseri umani con lo spazio circostante. L'autrice spiega che il suo intento non è quello di fotografare qualcosa di concreto, ma piuttosto di catturare un sentimento. Utilizzando colori pastello e sovraesponendo le luci, Svarbova trasporta gli spettatori in un mondo dove i personaggi appaiono come figure robotiche e passive, che si muovono da un'immagine all'altra senza esprimere emozioni. Visitate il suo profilo Instagram, per immergervi in questo universo unico e affascinante.

Maria Svarbova è nata nel 1988 in Slovacchia, lascia gli studi universitari per dedicarsi alla fotografia. Grazie al suo stile originale, ottiene riconoscimenti internazionali e pubblicazioni su testate come Vogue, The Guardian, Internazionale. Tra i premi ricevuti c'è l'International Photography Awards del 2016.

www.mariasvarbova.com

IL RABDOMANTE
Intervista a Andrea Botto

"Penso che il mio lavoro possa essere paragonato a quello di un rabdomante, che, sentendo vibrare il treppiedi, sa di aver trovato la sua acqua, la sua fotografia." A parlare è il fotografo Andrea Botto. Il paesaggio e le sue relative trasformazioni - che hanno radice nella società che lo governa per lo più in maniera inconsapevole - sono i temi centrali della poetica di Andrea Botto che ne analizza le piccole e grandi rivoluzioni, inventando per loro una nuova estetica. Alchimista della comunicazione, Andrea Botto utilizza diversi linguaggi dell'immagine visiva con uno stile proprio dell'arte contemporanea. Non solo produce fotografie come espressione di originali progetti artistici, ma anche libri d'artista, vere e proprie opere d'arte che fanno della contaminazione di svariati medium il cardine stesso della loro progettualità.

Nel tuo lavoro emerge una forte attenzione ai fenomeni sociali e a come questi influiscono sul nostro senso di percezione.

Internet ha indotto delle modificazioni nei nostri comportamenti sociali e nell'uso delle immagini, evidenziando ed estremizzando dei fenomeni che però erano già presenti prima di quella che amiamo tanto definire rivoluzione digitale. La contrapposizione reale/virtuale ad esempio è secondo me un falso problema. C'è più realtà su web di quanto si pensi. Il cosiddetto virtuale ha effetti evidenti nel mondo reale e internet è solamente un nuovo paesaggio ancora tutto da esplorare. Ho sempre creduto nella fotografia come attivatore di un immaginario già presente nella mente di chi guarda, in grado di creare connessioni, relazioni e soprattutto pensieri. Un pensare per immagini che diventa azione nella realtà

Uno dei tuoi libri è fatto per lo più da immagini raccolte sul web, ce lo racconti?

19.06_26-08.1945 edito da Danilo Montanari nel 2014, è un libro d'artista che nasce dalla vicenda familiare di mio nonno, prigioniero in Germania. Le date del titolo corrispondono a quelle del viaggio di ritorno che ha compiuto insieme a migliaia di IMI, Internati Militari Italiani alla fine della Seconda Guerra Mondiale. Sono partito dai suoi racconti e da un suo taccuino di viaggio. La mia intenzione era compiere lo stesso tragitto al contrario tornando in quei luoghi, come una sorta di pellegrinaggio a pochi mesi dalla sua scomparsa. Ho cominciato digitando i nomi delle città e l'anno 1945 per studiare un itinerario ed è stato allora che, grazie alla ricerca per Immagini su Google, mi si è aperto un immaginario legato al conflitto, con fotografie d'epoca ma anche attuali, associate in modo apparentemente casuale. Ne ho selezionate alcune, tenendo traccia del link, le ho editate uniformandole in bianco e nero e le ho impaginate come in un album di famiglia in cui ho inserito, tra una pagina e l'altra, I facsimile dei documenti di mio nonno invecchiati artificialmente. Attraverso questi due livelli di lettura tra memoria individuale e collettiva, lo spunto personale iniziale è diventato così una riflessione sul tema del conflitto, sui meccanismi mnemonici e sulle immagini in rete che, proprio come i ricordi, possono essere cancellati, manipolati, interpretati. Il libro ha avuto molto successo, ottenendo vari riconoscimenti internazionali ed entrando a far parte di alcune importanti collezioni.

Com'è nato il progetto KA-BOOM?

KA-BOOM è una ricerca sull'uso degli esplosivi in ambito civile che ho iniziato nel 2008. Dopo aver lavorato per anni su demolizioni, frane e terremoti, mi sembrava un campo interessante per portare avanti la mia ricerca sulla distruzione del mondo contemporaneo e sulla catastrofe come punto di collasso dell'illusione. Il primo evento a cui ho assistito è stata la demolizione controllata di una torre all'interno di un ex sito industriale. Dico evento perché c'erano tutti gli elementi di una rappresentazione: la scena, il pubblico che guardava e riprendeva con gli smartphone, la temporalità di una performance irripetibile caricata di tensione nell'attesa del suo apice, il crollo della torre che durava pochi secondi. Tutto ciò confermava in qualche modo le intuizioni e le riflessioni maturate nei miei progetti precedenti, portandole a un livello superiore. I miei contatti professionali nel campo delle grandi opere mi hanno permesso di conoscere e collaborare con esperti esplosivisti attivi in Italia e in Europa in campi diversi, dalla demolizione controllata al distacco artificiale di valanghe, dall'escavazione alla pirotecnica e oltre. Certo non è stato semplice trovare le occasioni e i luoghi adatti a produrre delle immagini interessanti per il progetto che avevo in mente. Nel corso del tempo ho avuto la fortuna di incontrare persone che mi hanno permesso di allargare la ricerca, attraverso pubblicazioni specialistiche, immagini d'archivio e oggetti museali, che sono entrati pian piano a far parte del lavoro, anche in modi inaspettati e che non avevo considerato inizialmente. Nove anni sono un tempo apparentemente molto lungo, soprattutto oggi in cui si tende a produrre e mostrare tutto subito, ma ciò mi ha consentito di riflettere bene su quello che facevo, staccandomi a volte dal progetto e lasciandolo sedimentare, per poi riprenderlo in mano a distanza di tempo con maggiore consapevolezza e una diversa esperienza.

Hai scattato le fotografie con un apparecchio di grande formato e a pellicola, come mai?

Perché è un mezzo che uso da sempre e poi perché cercavo un effetto di messa in scena del soggetto che solo il grande formato riesce a dare, oltre alla grande ricchezza di dettagli. Non sono però un fautore dell'analogico a tutti i costi anzi, una volta sviluppato il negativo a colori, ho scelto di passare attraverso la scansione a tamburo e la postproduzione, fino alla stampa a getto d'inchiostro di grande formato. Penso che questo processo ibrido mi permetta di ottenere l'effetto realistico che cerco, sfruttando la morbidezza nei passaggi tonali e il dettaglio della pellicola e l'estremo controllo del work-flow digitale. Certo un solo scatto può sembrare una scelta folle, ma volevo decidere io quando scattare, un po' come l'esplosivista che attiva il detonatore. Una sola possibilità per riprendere un evento irripetibile, un istante in cui si concentra tutta la tensione dell'attesa, a volte ore, accettando anche il rischio dell'errore e della casualità che entrano a far parte dell'opera finale.

A breve questo progetto diverrà un libro?

Sì, è il libro KA-BOOM. The Explosion of Landscape, edito da Èditions Bessard, Parigi, che esce in occasione
della fiera internazionale di fotografia Paris Photo (Parigi, 9-12 novembre scorso, ndr), con contributi testuali di Ilaria Bonacossa, Marta Dahò, Giacomo Nardin, Marco Navarra e Lars Willumeit. Raccoglie il lavoro di nove anni, di cui l'ultimo dedicato al design del volume insieme al grafico Fabrizio Radaelli.

Suppongo che non sarà un semplice catalogo d'immagini.

Come tutti i miei libri, anche questo attiva un immaginario, quello delle esplosioni, e mette insieme materiali diversi; immagini fatte da me, testi e materiali d'archivio, fotografie staged, sfruttando le potenzialità visive del dispositivo editoriale. Un'esperienza immersiva in cui il libro stesso diventa opera.

La fotografia, seppur fondamentale è quindi, solo una parte del tuo lavoro.

Certo, ma direi che è comunque la parte centrale, soprattutto per gli aspetti concettuali e teorici. Più che la fotografia mi interessa il foto-grafico, consapevole dei limiti del medium, provando magari a spostarli un po' in avanti.

In questo credo di essere un fotografo che usa la fotografia piuttosto che subirla.

Il lavoro su commissione si fonde poi con i tuoi progetti, o sono percorsi paralleli che non si contaminano mai?

Quasi tutti i miei progetti artistici sono nati a margine o grazie a una committenza e non ho mai fatto differenza tra i due ambiti. Anzi, sempre più spesso mi capita di realizzare lavori di corporate d'autore e penso di essere molto fortunato ad avere clienti che apprezzano il mio sguardo e mi cercano proprio per questo.

Sei anche docente di fotografia. Qual è la cosa più importante che insegni ai tuoi allievi?

Avere un pensiero, allenare e coltivare un proprio sguardo sul mondo sapendo che il compito della fotografia e dell'arte in generale non è dare risposte ma sollevare dubbi. E aggiungo una raccomandazione: diffidare sempre dei cattivi maestri.

ANDREABOTTOKABOOM

Nel 2008 all'inizio della crisi economica globale, Andrea Botto ha iniziato a fotografare esplosioni, evolvendo naturalmente dalle sue precedenti ricerche su demolizioni, frane e altre trasformazioni del paesaggio, sempre legate al tempo, al senso del limite e alla memoria collettiva. Descrivendo il suo lavoro come una naturale e irreversibile entropia piuttosto che una semplice estetica della distruzione, Botto presenta il progetto KA-BOOM, una serie di scatti che catturano momenti di esplosioni con grande potenza visiva e simbolica. Tra le opere più significative del progetto troviamo immagini iconiche di viadotti, edifici e paesaggi trasformati dalla forza distruttiva delle esplosioni. Scoprite di più sul suo lavoro visitando il suo profilo Instagram.

Andrea Botto è nato a Rapallo nel 1973, espone dal 1999 in mostre internazionali. Il suo libro 19.06_26.08.1945 ha vinto il Premio Ponchielli nel 2014. Insegna e cura eventi fotografici. Dal 2006 al 2011 è stato direttore artistico di Rapallo Fotografia Contemporanea. È membro del collettivo Fotoromanzo Italiano.

www.andreabotto.it

SOCIO-EMPATIA
Intervista a Matteo de Mayda

Nato a Treviso 40 anni fa, Matteo de Mayda racconta con le sue fotografie storie di forte impatto sociale, portando alla luce situazioni minime alle quali sono appese le risposte ai grandi interrogativi contemporanei.

Sensibilizzare l'opinione pubblica, cercare soluzioni e, nei casi più fortunati, contribuire attivamente alla risoluzione di un problema: è ciò a cui aspira la fotografia di Matteo de Mayda, colpendo sempre nel segno e stimolando la sensibilità di un ampio pubblico. Attenzione però: de Mayda non rincorre il facile impatto emotivo attraverso la spettacolarizzazione degli eventi e delle tragedie umane. Il suo è piuttosto uno sguardo lucido, vicino ma allo stesso tempo distaccato, che non vuole aggiungere nulla di più alla realtà dei fatti, presentandola ai nostri occhi con un linguaggio diretto e sempre attuale. Alcune delle storie di de Mayda sono a noi molto vicine, altre invece restano lontane non solo geograficamente: per questo in esse convivono una visione individuale e una universale, con ciò proponendo un'originale chiave di lettura nei confronti dell'ambiguità di questo nostro mondo.

Come sei approdato alla fotografia?

Ci sono arrivato molto tardi: era il 2011. Avevo 27 anni e ho abbandonato il mio lavoro da grafico di agenzia per dedicarmi alla comunicazione sociale. Fino a quel momento avevo scattato solo durante alcuni viaggi e collaborato con realtà non profit. Sono convinto, comunque, che il lavoro in agenzia mi abbia aiutato a sviluppare una mia capacità progettuale, una visione del processo di produzione e un gusto personale che, in parte, porto ancora con me.

Ti definiresti un fotografo professionista nell'ambito dell'informazione?

Non mi sento un fotografo di news, anche se molte storie che seguo e sviluppo sono legate a fatti di attualità. Nel periodo della pandemia, per esempio, sono partito da quanto stava accadendo nel piccolo centro veneto di Vo' per realizzare un progetto autoriale a lungo termine. Mi spiego meglio: Il 21 febbraio 2020 è mancato Adriano Trevisan, 78 anni, prima vittima del Covid-19 in Italia. Il 22 febbraio Vo' è diventato zona rossa insieme a Codogno e Lodi: non si poteva più uscire né entrare dal paese. Io però mi sono interessato a questa storia solo una settimana più tardi, quando il dottor Crisanti, padre del modello sanitario veneto e professore di Microbiologia all'Università di Padova, ha coordinato i test a tampone su tutti gli abitanti del comune. Ciò che in quell'occasione mi ha colpito maggiormente è stata la partecipazione in massa da parte della comunità: il 95% degli abitanti ha aderito all'esperimento. Un'indagine così approfondita su un'intera popolazione non era stata fatta nemmeno in Cina. L'idea che avevo in mente era di dare il mio contributo alla memoria comune di Vo'.

Lavorare come reporter in Italia e all'estero: quali sono le differenze?

Sono abituato a fotografare storie e persone lontane da me e l'estero, se inteso come qualcosa di esotico, porta con sé il fascino della scoperta: forse per questo mi risulta più facile da raccontare attraverso le immagini. In Italia è diverso: mi sento più coinvolto, e in particolare questo è accaduto nel caso di Vo'. Oltre al dialetto veneto, con i protagonisti delle mie fotografie condividevo i timori e il senso di smarrimento che hanno caratterizzato quel periodo.

Mi sono immedesimato nelle loro storie.

L'esperienza in Kenya, invece?

In Kenya ci siamo stati per realizzare una campagna per la Onlus Mani Tese. Si chiama Manda #115x1000aQuelPaese! e il suo obiettivo è rompere alcuni dei cliché ancora tanto diffusi nella comunicazione sociale, abbracciando un linguaggio contemporaneo che racconti i progetti di cooperazione con rigore giornalistico, ma anche con leggerezza e rispetto per le storie dei beneficiari. È per iniziative come questa che, assieme allo scrittore Cosimo Bizzarri, abbiamo dato vita a Baringo, un laboratorio di comunicazione sociale la cui attività è diffusa attraverso il sito baringo.it. Ci è sembrato il modo migliore per consolidare una serie di lavori che abbiamo fatto negli ultimi anni, ossia reportage e campagne che mettono al centro i grandi temi sociali e ambientali del nostro tempo, e per riprometterci di farne molti altri insieme a chi vorrà credere in noi. Continueremo a lavorare anche indipendentemente, ma ricorreremo a Baringo e al suo network di professionisti ogni volta che ci verrà chiesto di realizzare progetti di comunicazione sociale. L'obiettivo è creare collegamenti tra il mondo del no profit e i media.

Tornando in Veneto, vuoi parlarci del progetto su Venezia e della sua pubblicazione?

A Venezia, nella notte tra il 12 e il 13 novembre 2019, i venti hanno causato un'acqua alta eccezionale, con una marea che ha raggiunto 187 centimetri. Io ero lì e ho provato a raccontare l'atmosfera fragile e sospesa in cui si sono ritrovati la città e i suoi abitanti. La pubblicazione Era Mare è nata abbastanza spontaneamente. In quei giorni mi rifugiavo da b-r-u-n-o.it, che è sia una libreria, sia un editore indipendente veneziano con cui ho collaborato diverse volte in passato. Lì avevo una base per scaricare e post-produrre le mie immagini all'asciutto e così ho iniziato a mostrare il mio lavoro a Giacomo e Andrea, i due fondatori, ai quali si è poi aggiunta Francesca Seravalle, una curatrice veneziana. Abbiamo cominciato a discutere su ciò che stava accadendo e di come avremmo potuto raccontarlo. Così abbiamo pensato di realizzare un piccolo libro, i cui proventi sarebbero andati a Do.Ve, una rete di attività commerciali e privati impegnati nella tutela e nella valorizzazione del territorio.

Il progetto in Islanda: The First Time.

Nell'aprile 2018, sempre con Cosimo Bizzarri, siamo andati in Islanda a scoprire come una nazione di circa 340.000 persone, poco più degli abitanti del comune di Bari, fosse arrivata a partecipare al più grande evento sportivo del mondo, i Campionati del Mondo di Calcio. Più che sull'aspetto tecnico-calcistico ci siamo concentrati sulla nazionale islandese come fenomeno di costume, con un taglio che potesse appassionare gli amanti dello sport e non solo, in Italia e nel mondo. Abbiamo realizzato interviste e ritratti dei tifosi, incontrato le star del calcio femminile della nazione che vanta la parità di genere più alta del mondo. Abbiamo intervistato gli allenatori delle squadre giovanili e i membri della federazione calcistica islandese e scoperto l'origine del geyser sound, il coro celebrativo che ha reso famosi nel mondo i calciatori e i tifosi islandesi. Circumnavigando l'isola, abbiamo fotografato gli stadi e i campi da calcio, sia all'aperto sia quelli indoor, che sfidano la desolazione e le intemperie.

Il ritratto nei tuoi scatti.

Non sono forte con le singole immagini spettacolari, nel senso che non amo ingigantire il senso di quello che fotografo. In generale mi sento più a mio agio con un linguaggio sobrio, magari noioso, che racconti un'intera storia nella sua complessità. Per me soggetto e sfondo sono importanti allo stesso modo, per questo cerco sempre di contestualizzare i miei soggetti, tenendoli sullo stesso piano focale del luogo in cui si trovano.

Come affronti il paesaggio?

Nei paesaggi che fotografo mi interessa soprattutto trovare una sorta di gioco di armonia e allo stesso tempo di contrasto tra forme ed elementi. Pur non essendo un fotografo di architettura, sento di essere molto rigoroso in questa ricerca, probabilmente perché condizionato dal mio passato da grafico.

Hai maestri di riferimento?

Ne ho diversi e ne scopro continuamente, sento il bisogno d'imparare e di crescere. Se devo parlare di quelli che mi hanno dato una forte impronta allora devo citare Nicoló Degiorgis con i suoi primi lavori, Henk Wildschut e Alessandro Imbriaco. Di Degiorgis mi aveva colpito molto Hidden Islam, un'indagine diventata poi libro sui luoghi di preghiera degli immigrati islamici nel nordest dell'Italia. Mi aveva sorpreso come Nicoló si fosse focalizzato sull'insieme delle persone e sull'ambiente nel quale queste pregavano, con un linguaggio delicato e forte allo stesso tempo. Di Wildschut mi sono innamorato di Ville de Calais, lavoro sui rifugi costruiti dai migranti illegali in Francia in attesa di provare ad attraversare il canale della Manica. Imbriaco l'ho conosciuto invece con Un posto dove stare, progetto incentrato sul tema dell'occupazione degli spazi pubblici e privati a Roma. Negli anni, Alessandro ha documentato l'emergenza abitativa, incontrando uomini e donne che vivono tra diffidenza ed emarginazione, e trovando nei luoghi dismessi e inutilizzati il loro posto, appunto, dove stare.

A cosa stai lavorando in questo momento?

In questi mesi ho dovuto sospendere tutti i progetti, compreso quello sul cambiamento climatico in Italia: ci sto lavorando insieme ad altri fotografi dell'agenzia Contrasto e spero di poterlo riprendere al più presto. Prima della pandemia ogni fotografo stava documentando storie differenti sul tema del climate change nel nostro Paese. Io mi sono interessato alla tempesta Vaia, quella che ha colpito il nordest nell'ottobre del 2018. In particolare sto collaborando con il TESAF, ossia il Dipartimento Territorio e Sistemi Agro-Forestali dell'Università di Padova: è l'istituto che si sta occupando delle problematiche legate alle condizioni post-tempesta. Una di queste è tanto piccola quanto dannosa: si chiama bostrico tipografo, un coleottero che attacca le piante sane e può compromettere interi boschi.

Quello che I fotografi non dicono

DEMAYDA

Visita il profilo Instagram di Matteo de Mayda per aggiornarti sui suoi lavori. Tra le sue opere si possono ammirare immagini che catturano la forza della natura e la resilienza umana. Tra i suoi progetti più significativi, vi è il reportage Era Mare, che documenta l'eccezionale mareggiata su Venezia, e un'intensa foto del campione di ciclismo Alessandro Ballan che sfida una ripida salita. Ha contribuito a campagne umanitarie in Africa e documentato i primi test con dinamite per ripulire il terreno dopo la tempesta Vaia del 2018. De Mayda esplora l'impatto ambientale delle grandi opere pubbliche italiane con il progetto sulla Pedemontana, mentre onora la memoria della prima vittima europea del COVID-19, Adriano Trevisan, con un'immagine toccante del suo luogo di sepoltura.

Matteo de Mayda è rappresentato dall'agenzia Contrasto, si dedica a progetti sociali. Le sue foto sono apparse su testate come The New York Times e The Guardian, e sono state esposte in istituzioni come le Nazioni Unite e la Biennale di Architettura. Ha pubblicato Era Mare nel 2019 e ha vinto il REFOCUS nel 2020.

www.matteodemayda.com

TANTO TORNO PRESTO...
Intervista a Luca Campigotto

Dalle Piramidi di Giza al Ponte di Brooklyn, da Piazza San Marco, nella sua Venezia, a Rano Raraku nell'Isola di Pasqua, ogni scatto di Luca Campigotto misura una distanza e si relaziona con ciò che è diverso, tramutando la fotografia in narrazione, l'immagine in significato, il viaggio in poesia. Sarà che in lui scorre il sangue degli antichi navigatori veneziani, sarà che tutti i fotografi sono in fondo dei curiosi esploratori, fatto sta che Luca Campigotto ha infuso nella fotografia di viaggio un così alto numero di significati da restituirci immagini uniche anche dei luoghi più fotografati al mondo.

Luca, sei nato a Venezia, probabilmente il luogo più fotografato al mondo, e lì hai iniziato a fare fotografie. Quali vincoli e regole ti sei dato?

Venezia è casa mia e non l'ho mai temuta visivamente. Lei ha plasmato i miei occhi e io la conosco a memoria. Anche adesso che non ci abito più, continuo ad appartenerle: lei negli anni ha fatto via via di me quel che ha voluto. Mi ha fatto perdere da bambino per le sue calli; mi ha visto studioso del suo favoloso passato, chiuso nella biblioteca Marciana a vagare con l'immaginazione sulle rotte d'Oriente. Poi mi ha spinto sulla strada della poesia, a scrivere immerso nel male di vivere di Montale e Brodsky. Infine, mi ha messo in mano una macchina fotografica a lastre e mi ha ordinato di fotografarla con stupore e abbandono come si sarebbe fatto nell'Ottocento. Di notte, quando le strade sono vuote e lei torna a essere un teatro del tempo, siamo io e lei da soli. Come Will Smith nel film Io sono leggenda pattugliava di giorno le strade di una New York post-apocalittica, io cammino la notte per calli e fondamente, cercando di mettermi in contatto col passato. Solo che io non ho il cane lupo, e neanche una Mustang Shelby GT500.

Ancora oggi che la sto fotografando per un libro commissionatomi da Hermes e che uscirà tra qualche mese, è come aggirarmi per casa: inseguo la luce che cambia nelle stanze e penso al tempo perduto, a ciò che è stato. Indipendentemente dal risultato che raggiungo, per me la fotografia è soprattutto un tentativo di terapia, un modo per disciplinare la malinconia, per dominare lo struggimento della nostalgia. Chiunque sia stato innamorato a Venezia ne conosce l'invincibile forza poetica, quel senso di luogo unico e irripetibile che ti resterà sottopelle per sempre. Trattandosi di una faccenda d'amore, quindi, nessun vincolo e nessuna regola particolari. Semplicemente fai quello che ti senti di fare, sii sincero con te stesso, si vive una volta sola. Insegui i tuoi fantasmi.

Hai attraversato l'epocale rivoluzione dalla pellicola al digitale. Ora le tue immagini sembrano perfette per quest'ultima tecnologia. Hai investito molto in termini di tempo e sperimentazione?

Sì, moltissimo tempo, anzi, tutto il mio tempo. Prima sono stato per vent'anni un monaco zen della camera oscura, al piano terra della casa dei miei genitori a Venezia, rigorosamente in balia dell'acqua alta. Oltre alla triade rivelatore, acido acetico, fissaggio, ho avuto sempre a disposizione anche l'acqua salata. Poi, dopo un lungo periodo di diffidenza, ho cominciato a usare il computer, a esplorare le potenzialità del file, a stampare da solo con i plotter Epson di grande formato.

Non tornerei indietro, non vorrei più stare in piedi per ore davanti alle bacinelle maleodoranti. E, tutto sommato, mi diverte fotografare a colori, cambiarli sempre, non trovare mai quelli giusti, passare da toni rarefatti a quelli saturi come nei fumetti. Di certo, non mi appassionano le discussioni su digitale e analogico, la sacralità della pellicola, la volatilità del bit... Sono molto contento delle stampe che riesco a realizzare e del controllo che riesco ad avere sull'immagine che ho in testa, e tanto mi basta.

Ma ti manca qualcosa della tua era analogica?

L'unica cosa di cui sento la mancanza è il breve, magico momento dell'apparizione, quando sul foglio bianco improvvisamente compare quello che avevi già visto, immaginato, sognato. Il computer non può riprodurre questo incantamento chimico. Se ci ripenso adesso, è come rivedere il viso di un amore scomparso. Per il resto, continuo a sfogliare i classici: da Carleton Watkins a Walker Evans, da Robert Adams a Francis Frith, da Weegee a Robert Frank... La lista dei miei supereroi è lunghissima, e quando mi lascio andare alle loro immagini, le faccende intorno alla tèchne mi sembrano irrilevanti.

Come decidi il punto di ripresa?

Anche qui nessuna regola: negli ultimi anni ho fotografato molto sulle montagne e dai grattacieli ma non c'è un punto di vista che prediliga particolarmente. In genere, dall'alto si ha la sensazione rassicurante di vedere tutto, di avere tutto sotto controllo. Ma a volte la visione complessiva che si riesce ad avere da una posizione elevata manca della tensione disperata che si riesce a costruire in un'immagine guardando dal basso verso l'alto. Quando sono in basso e decentro l'obiettivo verso l'alto, inseguo qualcosa che vorrebbe sfuggire all'inquadratura, mi ostino a cercare la potenza compositiva delle linee e dei volumi. Le fotografie fatte da sotto hanno più rabbia in corpo. Quando, invece, mi trovo a decentrare verso il basso mi sento più come chi si china a raccogliere le conchiglie sulla sabbia, recupero dal fondo qualcosa che stava andando perduto, come se l'obiettivo fungesse da rete a strascico.

Dalla tua biografia sappiamo che ti sei laureato con una tesi sul tema del viaggio che è anche l'argomento che indaghi maggiormente attraverso la fotografia.

Vedere il mondo è il compito che inconsciamente mi son dato da bambino. Ho sempre voluto andarmene, vedere cose che non conosco, paesaggi e architetture diversi da quelli che mi sono familiari. I viaggiatori del Cinquecento che ho studiato restavano in giro per dieci, venti anni. Alcuni non riuscivano più a tornare indietro. Bastava la sfortuna di un colpo di vento sbagliato e non si tornava più a casa. Tuttavia, ogni grande viaggiatore non abbandona mai l'idea che presto tornerà a casa. Ma anch'io, che sono solo un piccolo viaggiatore in un'epoca in cui tutti viaggiano ovunque, la sera prima di partire mi guardo allo specchio e mi dico: Tanto torno presto... E torno sempre con un pezzetto di mondo rubato lontano. Come un qualunque turista, fotografo per portare a casa qualcosa che non mi appartiene e che spesso nemmeno capisco. Catturo immagini di posti lontani voracemente, come un predone, un tombarolo dello sguardo.

Non saprei cimentarmi con una natura morta, mi sentirei fuori luogo. Né con una modella, di cui sicuramente mi invaghirei. Una volta ho provato a fotografare dei vetri di Murano con le luci in studio e mi sembrava di impazzire. E poi, più che viaggiare, in genere io scappo. Non so mai davvero bene dove andare e cosa fare, e la macchina fotografica mi fa compagnia: lei ascolta le mie preghiere e le mie maledizioni, sta attenta a quel che dico, si fa carico dei miei desideri. Io le sussurro dolcemente come nell'orecchio di un cavallo, tenendola per lo scatto flessibile come fosse una briglia. Quando sono in viaggio lavoro incessantemente, divorando il mio mondo nuovo attraverso l'obiettivo. Malgrado la lentezza imposta dal banco ottico sul cavalletto, inquadro al volo, d'istinto: ogni colpo, un morto.

Il tuo viaggio ha una meta?

Scattare fotografie viaggiando o sistemare al computer immagini fatte in viaggio è la mia dose quotidiana di pane e acqua. La fotografia, non so perché, è l'unica cosa che ha dato una parvenza di senso alla mia vita, un percorso. Con il passare del tempo ho capito che il mio viaggio in realtà non ha meta, non c'è destinazione finale. Solo un susseguirsi di tappe, tanti episodi di esplorazione e pellegrinaggio. Sogni giovanili d'avventura che presto diventano ricordi, e spesso malinconie. Tanto torno presto...

LUCACAMPIGOTTO

Nel profilo Instagram di Luca Campigotto, potrete trovare fotografie estremamente suggestive come: Shanghai del 2016, con la circolarità del tempo enfatizzata dalle scie luminose delle auto che percorrono il viadotto; i contrasti notturni di Hong Kong, sempre del 2016, dove coloratissime insegne sfavillanti si ergono su palazzi tetri e gli edifici dormitorio illuminati suggeriscono riflessioni sulle persone che vi dimorano; le geometrie avveniristiche dello stadio di San Siro del 2014, che si elevano verticali con naturalezza, includendo vecchi edifici che narrano un passato difficile da conciliare con il futuro. Troverete anche l'inquadratura avveniristica di Beijing, dove tre edifici si stagliano contro l'oscurità del cielo come brillanti su velluto nero. La città della preghiera Jerusalem, colta all'imbrunire con piccolissime figure umane al Muro del Pianto; la contemplativa scultura che guarda il Pirellone a Milano e il Chicago Theatre, immortalato con le sue inconfondibili insegne accese.

Luca Campigotto è nato a Venezia nel 1962, si laurea in Storia.

Pubblica il progetto Venetia Obscura nel 1995 e realizza progetti notturni in città come Milano e New York. Le sue opere sono esposte in musei e manifestazioni culturali internazionali come la Biennale di Venezia e il museo MAXXI di Roma.

www.lucacampigotto.com

L'ARTE DEL PRE-VEDERE
Intervista a Liliana Ranalletta

Straordinaria osservatrice del mondo, la fotografa romana Liliana Ranalletta sa condensare in un istante le vicende della vita con uno sguardo tanto puntuale quanto sensibile. Con questo suo approccio si è conquistata un ruolo di primissimo piano nella fotografia italiana e internazionale. Liliana non esce mai senza la macchina fotografica perché, si sa, tutti i giorni accadono cose che meritano di essere raccontate per immagini. Usiamo di proposito il termine racconto, poiché i fotografi migliori sono sempre dei bravi narratori e hanno dalla loro la capacità di osservare e spiegare con una sintesi, un'efficacia e una forza che nessun testo scritto può pareggiare.

È una brava narratrice di storie sempre in movimento e veloce come il lampo. Perché a volte, una certa fotografia o la prendi in quei due, tre secondi in cui si svolge l'azione o non la prendi più. Sono magari dettagli, come l'espressione di un signore al tavolino del bar o un gabbiano che ti passa davanti e lo devi catturare al volo, immaginando lo scatto un attimo prima di realizzarlo. La vera essenza sta tutta qui, nel saper prevedere le cose. Un esercizio che richiede intelligenza ma soprattutto sensibilità per capire e raccontare col cuore ancor prima che con lo sguardo.

Nel suo percorso autoriale, Liliana Ranalletta ha pubblicato anche il libro intitolato The Fabulous Destiny of Dainaly. Da qui cominciamo la nostra intervista a questa sensibile street photographer.

Liliana, raccontaci del tuo libro The Fabulous Destiny of Dainaly.

Si tratta di una raccolta di immagini relative a un progetto che ho realizzato a Roma, incentrato su Dainaly, una ragazza autistica nata e cresciuta in una famiglia circense. Questo lavoro mi ha permesso di rappresentare il circo attraverso gli occhi della protagonista degli scatti: quindi non i momenti dello spettacolo, ma la vita vera, quella che scorre celata dietro le quinte. Qui possono prendere vita gli eroi che Dainaly ama e che popolano il suo universo immaginario, come Spiderman, che è in realtà suo fratello. Qui la sua fantasia può tessere le sue trame, e solo qui Dainaly non è sola, essendo sempre circondata dall'affetto dei suoi cari. Il circo, quel mondo dove tutto appare finto, diventa l'universo del possibile, teatro incontaminato in cui Dainaly riesce a declinare le impercettibili sfumature del suo immaginifico universo, così impenetrabile, a tratti indecifrabile e segreto, eppure fatto di disarmante fragilità e dolcezza. Da tre anni seguo Dainaly e, con pazienza e con l'aiuto dei suoi cari, sono entrata a contatto con la sua quotidianità, fatta di piccoli gesti, del suo rapporto speciale con gli animali e con altri componenti della famiglia. Sua madre mi ripete spesso che Dainaly è amore e riceve amore: l'amore che è l'unica chiave possibile per decifrare l'intricato tessuto del suo modo di relazionarsi con i suoi cari e con il resto del mondo.

Si è trattato di un'esperienza molto forte...

Certamente, un'esperienza che non si è, in realtà, mai conclusa, poiché sono diventata una di famiglia e questo mi gratifica molto. Presto ci sarà un festival del circo al quale mi hanno invitata, e dove verrà proiettato un documentario che comprende anche le mie foto. Sfogliando il libro, molti dei circensi ritratti si sono stupiti: avevo scattato alcune fotografie senza che si accorgessero della mia presenza, e questo è stato per me un grandissimo complimento. Ricordo una foto che ho realizzato mentre la veterinaria si accingeva a fare un prelievo di sangue a un elefante. Il proprietario del circo, Rony Roller, resosi conto che l'animale era spaventato, gli ha alzato un orecchio per sussurrargli le sue rassicurazioni e tranquillizzarlo. È stato un momento davvero commovente che contrasta con alcune diffuse convinzioni relative ai possibili maltrattamenti degli animali impiegati nei circhi: per esperienza personale posso confermare l'esatto contrario.

C'è molta postproduzione nelle tue fotografie?

A mio modo di vedere, la fotografia digitale risulta talvolta piatta nella sua perfezione, e pertanto la postproduzione è assolutamente necessaria. Tuttavia non modifico le immagini in modo pesante, ma cerco di restituire il ricordo di come le ho viste e, soprattutto, la luce che le illuminava. Se all'inizio della mia carriera cercavo sempre di eliminare elementi marginali che mi sembravano stonare o distogliere l'attenzione dal soggetto, oggi la penso in maniera completamente diversa e lascio che la foto risulti esattamente come l'ho scattata. Per fare questo mi avvalgo di professionisti della postproduzione, come Claudio Palmisano e un suo allievo, ma ho convinto mio marito a frequentare dei corsi sull'argomento: un modo per condividere con lui questa mia passione.

Il tuo progetto più recente?

Si tratta del mio ultimo libro che ho presentato a settembre nell'associazione Officine Fotografiche di Roma. È intitolato I sogni li spendo per strada, riguarda la riqualificazione di una periferia romana a opera del gruppo locale di Poeti e Pittori Anonimi: narra la trasformazione da luogo problematico e oggetto di degrado a esempio di bellezza, il tutto attraverso l'uso dei colori e l'arte dell'incontro. In questo libro, per la prima volta, ho deciso di inserire anche un mio scritto, oltre alla parte fotografica. Le fotografie sono state esposte in due mostre, una sempre nelle Officine e l'altra presso la Biblioteca Marconi di Roma.

Che attrezzatura utilizzi per i tuoi scatti?

Per molto tempo ho usato con soddisfazione una reflex Canon Eos 5D Mark III. Ora sono passata alla Sony Alfa 7R III perché preferisco lavorare con un'attrezzatura più leggera, che mi permetta di mettere a fuoco rapidamente e scattare a raffica. Tuttavia penso che l'importante non sia l'attrezzatura, ma ciò che stai fotografando. Come obiettivi adopero il 24mm e il 35mm. Non amo i teleobiettivi poiché non sono adatti alla mia fotografia, anche se trovo siano insostituibili quando si ricercano risultati molto grafici, determinati dall'effetto di compressione del piano dell'immagine: a questo proposito ammiro l'approccio di Martin Parr, e in particolare un suo lavoro realizzato sulle spiagge utilizzando solo focali lunghe.

Una tua foto molto nota è quella della famiglia che fa picnic insieme al proprio cane. Ce la racconti?

Lo scatto di cui parli l'ho realizzato a Dublino, e trovo che richiami parecchio proprio lo stile di Martin Parr. Si tratta di una fotografia che ha ricevuto molti riconoscimenti, vincendo anche il concorso Imag Orbetello, e che mi è stata chiesta anche per essere pubblicata in un libro.

Segui molto il lavoro di altri fotografi?

Ogni mattina, dopo aver letto Il Corriere della Sera, mi siedo davanti al computer e guardo il lavoro dei grandi maestri: credo che ci sia molto da imparare da autori come Robert Capa, Sebastião Salgado, Elliott Erwitt, Gianni Berengo Gardin, William Klein, Robert Frank, William Eggleston, Fred Herzog, Joel Meyerowitz. Per non dire di Henri Cartier-Bresson per la sua attenzione alla composizione, di Alex Webb per la sua capacità di catturare interconnessioni all'interno dell'inquadratura, e ancora di Martin Parr per il modo con cui evidenzia, attraverso l'indagine nel quotidiano, gli aspetti sociali della realtà contemporanea. Oltre a loro, apprezzo alcuni interpreti italiani d'eccezione come Piergiorgio Branzi e Paolo Pellegrin. Infine, credo che anche il cinema sia una grande fonte di ispirazione, e in modo particolare lo sono i film riconducibili al Neorealismo Italiano. Ma credo sia fondamentale anche conoscere i grandi maestri della pittura: talvolta è proprio dalle loro opere che un fotografo può rubare l'arte di gestire le luci e le ombre.

LILIANA_RANALLETTA

Visitando il profilo Instagram di Liliana Ranalletta troverete le immagini tratte dal libro The Fabulous Destiny of Dainaly, tra cui momenti carichi di tensione e mistero, e scene commoventi come la fotografia dal titolo L'uomo che sussurra agli elefanti. Inoltre foto suggestive del progetto I sogni li spendo per strada, sulla riqualificazione di una periferia romana, e istantanee di vita quotidiana a Londra e Dublino.

Liliana Ranalletta è laureata in Lettere Moderne, ha studiato fotografia con Dario Coletti, Augusto Pieroni, Dario De Dominicis, Claudio Palmisano e altri nomi noti della fotografia. Prima di avvicinarsi alla street photography ha esplorato diversi generi, in particolare la macrofotografia, che l'ha abituata a osservare i particolari. Dedica gran parte dei suoi scatti alla strada e alla gente che la popola, trovando in essa una fonte inesauribile di stimoli. Si è dedicata anche a lavori con tematica sociale. La fotocamera è la sua compagna inseparabile: la porta sempre con sé per non doversi mai pentire di aver mancato una situazione interessante.

www.lilianaranalletta.it

CENTESIMI DI SECONDO
Intervista a Giulia De Marchi

Guardando le immagini della fotografa Giulia De Marchi scorgiamo gesti, sguardi, silenzi, secondi che, immortalati nei suoi scatti, possono durare un'eternità. Quelle di Giulia De Marchi sono immagini eleganti, contemporanee, e la loro gamma cromatica ricorda certe attualissime serie TV. Sembra che ogni scena sia stata estrapolata da una sequenza filmica, nella quale i movimenti di macchina e gli attori appaiono coinvolti all'unisono in una danza meravigliosa. Giulia De Marchi sceglie luoghi silenziosi e, quando vi è la presenza umana, questa è valorizzata dalle pose assunte.

Infatti, come in una coreografia, le figure giocano con l'ambiente, relazionandosi con lo spazio. Impossibile non giudicarle armoniose, sono immagini capaci di tradurre la realtà in qualcosa di profondo, intimo e universale allo stesso tempo. Giulia parla delle sue fotografie definendole immagini di viaggio. Ma se pensiamo alla fotografia di viaggio intesa come genere fotografico, si materializzano nella nostra mente ritratti di coloratissimi guerrieri Masai, muniti dell'immancabile scudo e della lancia, o le folle di pellegrini che si bagnano sul Gange. Siamo tutti indotti a pensare a luoghi esotici, lontani, distanti molte ore o interi giorni. È chiaro dunque che i viaggi ai quali fa riferimento Giulia sono di un altro tipo. Essi sono rivolti alla ricerca della bellezza, quella che si compie in un istante brevissimo e che tutti noi vorremmo fosse eterna. I suoi sono viaggi di un secondo, anzi durano soltanto qualche centesimo di secondo e incarnano il paradosso del tempo che solo la fotografia è in grado di evidenziare. Istanti pieni di luce, attese piene di tempo e di pazienza... Fino a che arriva il momento del click.

Giulia, viaggio e scoperta sono il punto di partenza del tuo lavoro?

Certamente, camminare e osservare sono azioni che acquisiscono un ruolo indispensabile nelle mie narrazioni. Tutto quello in cui mi imbatto mi stimola a fissare per sempre il sentimento che sto provando in quel preciso momento. Il mio è un punto di vista che condivido attraverso la fotografia, ma che allo stesso tempo conservo gelosamente nella mia memoria. I suoni, i profumi e le sensazioni personali che hanno accompagnato i miei scatti rimangono dentro di me in maniera profonda.

Parlami del viaggio.

Il viaggio è per me una continua e disperata ricerca della bellezza. Non propriamente quella oggettiva, ma la bellezza dei particolari racchiusi in veloci gesti quotidiani. La bellezza di due fratelli che giocano, quella di due anziani che si tengono la mano o di una nonna che spinge una carrozzina in riva al mare.

Come nascono i tuoi progetti?

Al momento sono legati ai luoghi che visito, c'è davvero poco di intenzionale. È tutto molto improvvisato e istintivo, veloce ed estremamente naturale. Seguo ciò che lo spazio in cui mi trovo ha da raccontarmi.

Lucente è il tuo progetto attuale.

È una collezione delle fotografie scattate in questi ultimi anni e a cui sono particolarmente legata. Penso che il fatto di essere in quella stanza, in quella spiaggia o seduti su quella panchina, proprio in quel preciso momento, sia il frutto di una decisione che ha prodotto un'azione. Succede per un tempo lunghissimo o per un secondo soltanto, ma succede di continuo: il paesaggio si trasforma e porta via la presenza delle nostre figure, come se non ne avesse più memoria.

In Lucente metti insieme foto di paesaggio e interni di musei.

Indipendentemente da ciò che raffigurano le immagini, vi scorgo una sorta di filo conduttore, come se le mie fotografie fossero intrappolate in un'estetica inconscia che non posso e non voglio controllare. La mia visione potrei definirla una rappresentazione armonica e ordinata, spontanea. Dal punto di vista tecnico sono parecchio ossessiva, mi piace che le tonalità e le gradazioni rientrino in un'armonia che mi appartiene in tutto e per tutto.

Film e serie TV influenzano la tua fotografia?

Molti film hanno influenzato inevitabilmente non tanto la mia fotografia, quanto il mio modo di vedere. Dopo essermi immersa mesi e mesi a guardare serie TV - sì, ci sono caduta anche io - sto cercando ultimamente di guardare la TV sempre meno per trascorrere qualche serata in un piccolo cinema della mia città. Trovo ispirazione dal cinema, dalle fotografie e dalla musica, cercando sempre nel messaggio dell'artista quel qualcosa che ci accomuna e che può arricchirmi, senza però stravolgere la mia naturale visione delle cose.

Come sei approdata alla fotografia?

Il mio approccio alla fotografia è casuale. Nel 2009, con il primo stipendio comprai una entry level di casa Canon che, dopo qualche scatto di prova, ho riposto in un cassetto e non l'ho mai più utilizzata. Qualche nozione base scambiata sotto la pioggia in terrazzo con un amico, e un breve corso di fotografia al quale mi iscrissi per scommessa, sono riusciti a distanza di qualche anno da quell'acquisto, a trasmettermi nuovamente la voglia di fotografare. L'arte in genere mi ha sempre affascinata.

Le tue immagini sembrano raccontare storie...

I miei soggetti sono aperti all'immaginazione di chi guarda, mi piace si inneschi nello spettatore quel particolare meccanismo di fantasia, quel chiedersi come fossero i volti dei protagonisti di spalle, i loro pensieri e come hanno proseguito il loro percorso dopo essere stati rubati dallo scatto.

Vi è un rapporto tra la tua fotografia e le tue letture?

Sto riscoprendo da qualche tempo il piacere della lettura, soprattutto saggi e testi sulla fotografia. Quando ho iniziato a scattare le prime immagini non conoscevo praticamente nulla di questo mondo. I grandi fotografi li sto scoprendo e amando via via. L'anno scorso ho soggiornato a Parigi: ho prenotato una camera tramite Airbnb. Casualmente, il proprietario di casa era un grande appassionato di fotografia. La sua libreria conteneva circa 1.500 libri fotografici, catalogati ossessivamente per ordine alfabetico, in base al nome dell'artista. Abbiamo parlato per ore degli autori a noi cari e delle fotografie delle quali avremmo voluto essere gli autori. Quell'incontro ha cambiato il mio modo di vivere la fotografia e lo ritengo forse una delle coincidenze più inaspettate e allo stesso tempo emozionanti che mi siano mai capitate.

Il prossimo progetto?

Sto lavorando a qualcosa di totalmente diverso, cercando di uscire da ciò che faccio abitualmente. Vorrei inoltrarmi in una narrazione nella quale i soggetti coinvolti abbiano modo di raccontarsi in prima persona. Sarà un percorso molto complesso e profondo... Mi sto prendendo tutto il tempo necessario per svilupparlo e digerirlo nel migliore dei modi. Ma preferisco non anticipare altro.

GIULIA.DEMARCHI

Per sapere di più, visitate il profilo Instagram di Giulia De Marchi. Tra le immagini potrete trovare la suggestiva Scala dei Turchi in Sicilia, un sereno scorcio di una casa in Provenza, le affascinanti scene del Museo del Louvre a Parigi e il pittoresco belvedere della costa di Realmonte.

Giulia De Marchi è nata a Treviso, si è diplomata presso l'Istituto Tecnico Economico Riccati della sua città natale. Per passione si è avvicinata alla fotografia da autodidatta e ha successivamente frequentato corsi di perfezionamento e specializzazione. I suoi lavori sono stati pubblicati in riviste tra cui D Repubblica e magazine come iGNANT e Fubiz.

www.giuliademarchi.com

SEGNI MINIMI
Intervista a Marcello Galvani

Nell'odierna era digitale, del caos e del rumore a tutti i costi, il silenzio è probabilmente un modo alternativo per comunicare. Al di là della sensibilità dell'autore e della tecnica impiegata, questo è ciò che emerge immediatamente dalle immagini di Marcello Galvani.
Mirabile rappresentante di un genere fotografico, o meglio ancora di un pensiero contemporaneo, che riguarda essenzialmente la rappresentazione del paesaggio e che ha avuto tra i suoi precursori fotografi come Gabriele Basilico, Guido Guidi, Mimmo Jodice, Luigi Ghirri e Giovanni Chiaramonte, anche Galvani, in maniera del tutto personale, persegue un'idea di visione del territorio legata all'identità degli uomini, alle relazioni dei luoghi con l'ancestrale destino delle persone. Non si tratta solo di concetti filosofici ma di un'idea che ha trovato nella fotografia un nuovo strumento di indagine antropologica, investendola di un ruolo di analisi sociale e urbanistica. Una fotografia meditata quindi, che non insegue il sensazionale ma che va alla ricerca di quei segni minimi, che sommati insieme descrivono il volto di un paesaggio (inteso come ambiente sociale), che sfugge, che è in continua metamorfosi, cancellando piano piano la memoria del passato con i sempre maggiori segni del presente. La fotografia di Galvani è una sorta di meditazione sul territorio che egli visita. "Per questo ho la necessità di tornare a vedere più e più volte lo stesso luogo -spiega Galvani, e aggiunge - spesso mi capita di avere degli appuntamenti con le ombre, costretto ad aspettare mesi affinché il sole ritorni basso sull'orizzonte".

Spesso ti sei occupato d'indagare con la fotografia importanti cambiamenti del territorio, ci parli di queste esperienze?

Nel 2009, sono stato invitato dall'associazione Linea di Confine, a svolgere una campagna sulla nascente linea ferroviaria ad alta velocità Milano-Bologna e, nel 2010, a fotografare il paesaggio in Valcamonica. Sono state committenze interessanti perché mi hanno permesso di lavorare in luoghi molto diversi e che ora sento mi appartengono. Anche in queste occasioni ho scattato con l'intento che funzionassero in quanto tali. Non sono mai stato interessato a nessun tipo di reportage o indagine urbanistica, anzi voglio star lontano dall'emettere giudizi. Non vi è in me l'intento di denunciare scempi e brutture. L'ambiente è il luogo in cui le fotografie accadono. Inevitabilmente capita che qualcuno, guardando una mia fotografia, possa trarre considerazioni sociologiche che io non avevo previsto al momento dello scatto. Per questo la fotografia è molto utile, perché ti fa venire delle idee alle quali non avevi pensato prima.

Ti sei formato in ambienti geograficamente e culturalmente vicini a grandi fotografi, penso a Luigi Ghirri, ma anche a Guido Guidi, individuando una tua originalità, contraddistinta da una punta d'ironia e forse dalla ricerca di rappresentare qualcosa d'impalpabile e di onirico.

Una volta ho seguito una conferenza del filosofo Rocco Ronchi sul tema Innovazione e tradizione. La tesi che Ronchi sosteneva era che tradizione e innovazione sono le facce di una stessa medaglia, a patto che si consideri la tradizione non come una reliquia, ma un'eredità che di volta in volta, procedendo per ibridazione e riassestamento, si rigenera e si rinnova. In questo senso mi sento profondamente legato alla tradizione. Guido Guidi è stato un maestro dal quale ho imparato moltissimo, a cominciare dalle principali regole della visione, passando per la grammatica che sta alla base di un certo linguaggio fotografico, e attraverso la pittura e la prospettiva. Oggi se fotografo un laghetto, un soggetto standard, sono cosciente del fatto che da qualche parte nel mio cervello conservo l'immagine di un laghetto di Jam Southam o di John Gossage. Gustav Mahler affermava che la tradizione non è il culto delle ceneri, ma mantenere vivo il fuoco.

Hai al tuo attivo diverse pubblicazioni e spesso i tuoi progetti sono finalizzati a diventare un libro. Quale ruolo attribuisci a questo tipo di divulgazione della tua opera rispetto alle mostre?

Ho conosciuto i lavori dei fotografi che amo soprattutto nei libri. Per me sono una fonte inesauribile di stupore. Spesso, dopo anni che sfoglio un libro, ne colgo sfumature e dettagli che mi erano sfuggiti. Frequento molto le pagine dei social e dei siti di altri fotografi e mi addormento con i loro libri a fianco. Le mostre sono altrettanto importanti perché credo che la fotografia abbia valore di oggetto e vedere una stampa dal vivo è un'altra esperienza rispetto a una riproduzione tipografica. I libri che ho pubblicato sono nati principalmente per l'esigenza di fare ordine. Quando fotografo non ho in mente un progetto in particolare, ma questi nascono da soli e il libro è il mezzo che mi permette di recintare il lavoro fatto. Il libro, a differenza delle singole fotografie, ha un inizio e una fine, un tempo interno, quasi come un film che si dipana, pagina dopo pagina. È importante che la sequenza delle fotografie proceda come un racconto visivo in cui le relazioni generano pensieri e questioni che non sono presenti nelle singole immagini. Non so se fare un libro possa essere il fine ultimo del lavoro. Direi di no. Il fine ultimo del far fotografie è passare del tempo a farle.

Hai al tuo attivo numerose mostre, in Italia e all'estero, in luoghi di assoluto prestigio come il MAXXI di Roma o il Fotomuseum Winterthur che conservano tue opere nella loro collezione permanente. Ti consideri un fotografo o un artista? Esiste una distinzione?

A me è più simpatica la parola fotografo. Come ha detto bene

Robert Adams, gli artisti sono creatori mentre i fotografi, simili ai santi, vanno in giro a esplorare le bellezze del creato. Mi ritengo un testimone, uno che fa dell'attenzione il suo intento.

Le tue fotografie sono spesso in vendita in occasione di importanti fiere internazionali, come il Photo London. Com'è oggi l'interesse commerciale verso la fotografia? Stiamo vivendo un momento proficuo?

Sì, ho avuto alcune buone occasioni di esporre in luoghi in cui la fotografia è molto considerata. Primo fra tutti il Fotomuseum Winterthur, in Svizzera, che reputo un'istituzione molto seria. Anche alla galleria Large Glass di Londra o alla Fondation A di Bruxelles ho lavorato con persone veramente competenti, onorato di poter collaborare. In Italia proliferano festival e fiere, in generale non amo i festival. Mi passa la voglia di far fotografie. Ce ne sono troppi. Credo che ci sia molto pressapochismo ma anche cose che singolarmente reputo interessanti, soprattutto a livello locale, con sforzi che vengono più da piccole collettività che da istituzioni consolidate. Il mercato invece è praticamente inesistente, a meno che non si parli di pianificazione dell'arredamento del salotto.

La luce che caratterizza le tue immagini, quel silenzio al quale accennavo all'inizio, molto ha a che fare con la tecnica che utilizzi, è così?

Utilizzo camere analogiche e stampo i negativi come C-print in un mini laboratorio che mi sono costruito in casa. Questo non per un atteggiamento nostalgico. Non mi piace chi parla del procedimento analogico come di vera fotografia. Personalmente uso il negativo per avere meno possibilità di scelta. Quando si usa una camera di grande formato si hanno a disposizione pochi colpi da sparare, visto il costo esagerato della pellicola piana. Questo ti costringe ad avere una grande disciplina e a dedicare la massima attenzione al momento della ripresa, senza avere poi la possibilità di cambiare granché. Il processo analogico è molto diretto: si scatta e si stampa, accontentandosi di quello che è saltato fuori. Nel processo di stampa digitale si può intervenire molto in postproduzione e questo per ora non mi interessa perché mi costringerebbe ad avere troppa libertà. È così difficile prendere delle decisioni e a me basta lo sforzo di scegliere in fase di ripresa. E poi non amo stare al computer. La fotografia è per me principalmente un modo per uscire di casa.

MARSGALVANI

Visita il profilo Instagram di Marcello Galvani per scoprire una fotografia che non cerca il sensazionale, ma si concentra sui piccoli dettagli che messi insieme, delineano il volto di un paesaggio. Progetti fotografici come Eggs and Asparagus e la serie Di Palo In Frasca esplorano luoghi cari all'autore come Conselice e Massa Lombarda.

Marcello Galvani (1975) è nato e vive a Massa Lombarda. Ha studiato presso l'Accademia di Belle Arti di Ravenna e ha partecipato a mostre collettive come Atlante Italiano 007 (MAXXI di Roma, 2007) e Landschaften (Statische Kaufthaus, Lipsia, 2010). Tra le mostre personali si segnalano La molla è un motore (Chiesa del Carmine, Massalombarda, 2006) e Marcello Galvani (Critica in Arte, Museo MAR città di Ravenna, 2012). Le sue fotografie sono presenti nelle collezioni del Museo Mar di Ravenna, del MAXXI di Roma e del Fotomuseum Winterthur (CH). Ha pubblicato i libri Queste sei fotografie nel 2010 e Di Palo In Frasca nel 2015, La molla è un motore nel 2016.

www.marcellogalvani.it

LA MAGIA DELL'ACQUA
Intervista a Ramona Zordini

Le fotografie di Ramona Zordini fissano forme, presenze, esseri in carne e ossa, in modo così eminentemente plastico che si ha l'impressione di poter toccare quei corpi vibranti come se fossero in perpetuo movimento, come se fosse una magia...

Fotografa e artista visiva, Ramona Zordini è nota, fra l'altro, per il progetto Changing Time: immagini nelle quali l'acqua è elemento compositivo e protagonista assieme al corpo umano. Spesso, l'autrice è anche il soggetto dei propri scatti. Le sue fotografie lasciano trasparire un modo peculiare di rappresentare la realtà, gli stati d'animo, le azioni, ed evocano per certi versi l'opera di grandi scultori del passato come Michelangelo, o di pittori quali Cranach, Goya o de La Tour. I lavori di Zordini sono stati esposti in numerosi musei, e le sue fotografie sono state adoperate anche per la realizzazione di copertine di libri e di locandine per la promozione di film. Negli ultimi anni, la fotografa bresciana ha unito alla fotografia del corpo quella più propriamente ritrattistica, oltre al disegno e altre tecniche artistiche. Nella nostra chiacchierata, le ho chiesto di partire dalle origini.

Come è iniziato il tuo rapporto con la fotografia?

Quando ero piccola mio nonno aveva una macchina fotografica analogica e spesso me la faceva usare. Ricordo che mi divertivo a mettere tutti in posa per creare delle storie dal nulla. A dieci anni, dopo la morte di mio padre, le fotografie hanno iniziato ad assumere nuovi significati, sostituendosi talvolta alla memoria, talvolta all'affetto. Alle scuole superiori ho seguito un corso di fotografia, ma per me era ancora soltanto un gioco; solo all'università ho capito, anche grazie a un professore particolarmente capace, che avrei potuto raccontare grandi storie e soprattutto imparare da queste.

Quando nasce il tuo progetto Changing Time?

Nel 2012 e, pur non sapendo all'epoca in quale modo si sarebbe sviluppato nel tempo e che sarebbe andato avanti per anni, ci ho creduto profondamente fin dall'inizio.

L'acqua pervade i tuoi scatti: perché questo elemento ti affascina?

Credo di non averlo ancora scoperto, ma fin da piccola mi sono spesso immaginata di fluttuare nel nulla, come in uno stato di trance perpetua, e credo che questo lavoro rifletta proprio tali sensazioni che mi riportano alla profondità dell'io interiore, laddove alla fine ci troviamo soli con noi stessi, mentre il mondo resta fuori.

Chi finisce davanti al tuo obiettivo?

Spesso realizzo autoritratti, ma non sempre: a volte a posare per le mie fotografie sono amici, a volte la mia famiglia, altre ancora persone che nutrono interesse per questo mio progetto e vogliono farne parte.

Ci sono anche dei bambini?

Sì, quando riesco a convincerlo, posa per me anche il mio modello preferito, mio figlio. Quando era piccolo si divertiva molto a posare, per lui era un gioco e voleva che alla fine della sessione di ripresa facessimo qualche scatto come voleva lui. Solitamente correva a prendere i suoi giocattoli preferiti e posava assieme a essi.

Immagino che sia complicato realizzare queste immagini. Hai una piscina nello studio?

È abbastanza complesso in effetti. Nella mia casa, che è anche studio fotografico, ho fatto installare una vasca di vetro così posso utilizzarla all'occorrenza. Negli anni passati invece mi facevo prestare piccole piscine, vasche da bagno, qualsiasi cosa potesse contenere l'acqua.

Che fotocamera usi?

Prevalentemente una Nikon D800, mentre in passato scattavo con una Canon EOS 5D che ho dato via per prendere una Sony Alpha. Preferisco quest'ultima alla Nikon quando vado in giro, perché è più comoda e maneggevole: con il pretesto del peso finivo spesso per uscire di casa senza fotocamera... Per quanto riguarda l'illuminazione, uso indifferentemente flash da studio e luci continue.

Stai conducendo anche un lavoro nel quale ritrai i fotografi italiani: ce lo vuoi illustrare?

Si tratta di un lavoro che ho iniziato nel 2018 e che si compone ora di trenta scatti realizzati con la tecnica del light painting, ossia con una torcia orientata sul soggetto durante la posa come unica fonte di luce. Ne vado abbastanza fiera, secondo me è venuto fuori bene. Oltre a fotografi come Berengo Gardin, Backhaus, Nino Migliori, ci sono personaggi del mondo della fotografia come il gallerista Massimo Minini, i collezionisti Donata Pizzi e Mario Trevisan e tanti altri. Ho ritratto tutti i miei soggetti interpretando le caratteristiche proprie del personaggio: per esempio, ho fotografato il gallerista Massimo Minini con una scatola in testa, un accostamento simbolico tra la sua mente e la galleria stessa, che non a caso ha l'aspetto di un cubo bianco.

RAMONAZORDINI

Le immagini di Ramona Zordini evocano un immaginario pittorico. Sul suo Instagram, troverete ritratti di fotografi come Giovanni Gastel, elegantemente vestito, Paolo Ventura accanto a un antico diorama e Gianni Berengo Gardin con la sua inseparabile Leica. Realizzati con la tecnica del light painting, includono anche il gallerista Massimo Minini, ritratto con la testa in una scatola bianca, richiamando l'idea di white room, termine per lo spazio espositivo contemporaneo.

Ramona Zordini si laurea in Fotografia Artistica alla LABA di Brescia nel 2009 con il massimo dei voti. Le sue fotografie sono state pubblicate su varie riviste, tra cui Zoom, e ha vinto il Premio Telethon. Nel 2011 partecipa alla Biennale dei Giovani Artisti dell'Europa e del Mediterraneo con Studio Azzurro. Nel 2014 espone al Museo Nazionale della Fotografia di Brescia; nel 2016 è nel documentario TV L'Art Erotique e nel libro Il Corpo Solitario di Giorgio Bonomi. Le sue opere sono in collezioni permanenti come quelle del Museo MACS di Catania e MUSINF di Senigallia (AN).

www.ramonazordini.com

Tobia Donà è un architetto laureato allo IUAV di Venezia, da sempre appassionato di fotografia. Durante gli anni universitari, ha approfondito questa passione studiando con Italo Zannier, sviluppando un approccio unico che unisce lo studio degli spazi e la luce, elementi centrali sia nell'architettura che nella fotografia. Dal 2012 ha insegnato in diverse accademie italiane, tra cui l'Accademia di Belle Arti di Bologna, Macerata e Venezia, e ha collaborato con riviste come FotoCult, Art-Style e It's Different. Oltre alla sua attività professionale e accademica, ha curato mostre ed eventi culturali di rilievo, tra cui Rivers of A.I.R., Una Visione Oltre, e Sguardi illuminati fra Adige e Po.

Quello che i fotografi non dicono

INDICE

FRAMMENTI DI ORDINARIA POESIA	p.1
Intervista a Andy Massaccesi	
SÉ AL FEMMINILE	6
Intervista a Marta Bevacqua	
BELLEZZA BRUTALE	12
Intervista a Mustafa Sabbagh	
EPIFANIE	16
Intervista a Francesco Merlini	
WHAT WE KNOW NOTHING ABOUT	22
Intervista a Lina Bessonova	
AURA BIANCO-E-NERO	29
Intervista a Renato D'Agostin	
L'IMMAGINE PIÙ CHE LA FORMA	35
Intervista a Mikael Siirilä	
LO SPESSORE DELLO SGUARDO	41
Intervista a Claudia Corrent	
DESIGNER D'IMMAGINI	47
Intervista a Sandra Bourhani	
MODERNITÀ CROMATICHE	53
Intervista a Julia Morozova	
IMPREVEDIBILE E SPIAZZANTE	59
Intervista a Mattia Zoppellaro	

cXXXV

IL COLLAUDATORE DI ATTIMI
Intervista a Settimio Benedusi
67

ESPERIENZE IMMATERIALI
Intervista a Monica Silva
74

TUTTO IN ORDINE
Intervista a Maria Svarbova
81

IL RABDOMANTE
Intervista a Andrea Botto
84

SOCIO-EMPATIA
Intervista a Matteo de Mayda
91

TANTO TORNO PRESTO...
Intervista a Luca Campigotto
98

L'ARTE DEL PRE-VEDERE
Intervista a Liliana Ranalletta
103

CENTESIMI DI SECONDO
Intervista a Giulia De Marchi
109

SEGNI MINIMI
Intervista a Marcello Galvani
114

LA MAGIA DELL'ACQUA
Intervista a Ramona Zordini
119

www.ingramcontent.com/pod-product-compliance
Lightning Source LLC
Chambersburg PA
CBHW071054240526
4547ICB00015B/1935